JN438101

성주산 울림

제9호

13인의 동인시집

홍성수 이연순 이미숙 오치인 양철원
신현숙 명리라 김일태 김기정 김갑현
구자홍 강영민 최양희

도서출판 한내문학

성주산 기운을 받아 청정한 詩를 싣고파

-『성주산 울림』 제9호를 발간하며

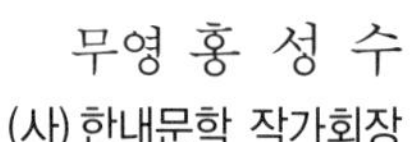
무영 홍 성 수
(사)한내문학 작가회장

한내문학의 결속을 위하여 등단한 작가들끼리 마음을 모아 만들어졌던 『성주산 울림』이 어느덧 9호를 발행하게 되었습니다.

2008년 창간호 이후 11인의 작가들이 11편씩 옥고를 내어 발행했던 성주산 울림은 중간에 11인은 지키지 못하고 인원이 늘었지만 11편씩의 작품은 지켜 나가고 있습니다.

특히 우리의 자부심은 아끼는 시를 모았다가 성주산 울림에 발표를 하는 것과, 평론가 최양희 선생님께서 각 작가마다 평론을 써 주신다는 것입니다.

일부 독자들은 성주산 울림을 보면서 시를 이해하며 읽을 수 있어서 기다려진다는 분들도 있습니다.

많은 회원님들이 성주산 울림에 동참하고 싶어하시지만 지난 8호부터는 성주산의 지명과 우리 한내문학이 보령에 있으므로 부득이 보령의 작가들만 참석을 하였고 이번에도 13인이 참석을 하였습니다.

우리 보령을 감싸고 있는 성주산의 기운을 받아 언제나 청정하고 맑은 작품을 싣는 『성주산 울림』이 되기를 바라며, 무르익어 가는 가을에 이 책을 보시는 모든 분들이 사랑과 행복이 늘 함께하길 기원합니다.

2021년 12월 9일

시인 홍성수

시인 이 연 순

시인 이 미 숙

시인 오 치 인

시인 양 철 원

시인 신 현 숙

시인 명 리 라

시인 김 일 태

시인 김기정

시인 김 갑 현

시인 구 자 홍

시인 강 영 민

시인 최 양 희

CHO KI HYUN

무영 홍성수

(시인)

13인의 동인시집 『성주산 울림』

–제1호~제9호까지 출간하면서

『성주산 울림』 제9호를 준비하면서 나의 시작 이야기를 써 보려 한다.

시작 활동을 한 지 15년여를 지나며 많은 시를 써 보고 시상을 잡던 그때 그때의 이야기를 해 보고 싶었다.

나의 시상은 주로 여행이나 운전을 할 때 툭툭 뇌리를 두드린다. 그렇게 여행을 즐기는 이유는 짧은 여행이라도 나를 수련하고 다듬는 계기가 되며 때론 나를 위로하기도 한다. 그것은 나를 위한 선물이다.

> 오늘은/ 나에게 선물을 한다// 가장 소중한 나에게/ 행복한 시간을 주어 본다// 무얼 할까/ 누굴 만날까/ 무얼 먹을까// 아니 혼자 훌쩍 여행을 떠나/ 자유를 만끽하고// 나를 멋지게 보여줄 옷 한 벌 사고/ 좋아하는 음악을 들으며 달리는 거야// 차창 밖으로 마음의 군더더기/ 버리면서 신나게 달려 보는 거야.
>
> –〈선물〉 전문

이것이 내가 여행하는 이유이고 그리고 시를 쓰는 이유이다.

"고장 난 거울"은 삽시도에 우드버닝 수업을 하고 나서 안개 때문에 섬에서 꼼짝없이 숙박을 하게 되었는데 모처럼 한가한 시간에 거울 속의 나를 돌아보며 갑자기 늙어 버린 나의 모습이 낯설게 느껴졌다.

내가 이렇게 늙은 거야! 인정 못해 나는 지금도 이렇게 왕성히 활동을 하고 있는데, 하면서 거울이 고장 난 것이라고 억지를 부려 보았다.

'멈춤'은 저녁 무렵 예기치 않게 아파트에 정전이 되었다. 예고 없는 정전에 당황하였으나, 어두워진 실내 때문에 커튼을 걷으니 시원한 바람과 함께 밖에 인적소리가 들려오고 자동차 지나가는 소리도 선명하게 들리기 시작했다. 당연한 듯 집안 여기저기 눈뜨고 소음을 내며 진치고 있던 전자 제품이 숨을 멎으니 다른 세상처럼 싱그러운 느낌이었다.

> 전자기기의 숨이 멎은 순간/ 문명의 소음이 거칠음을 알게 되니/ 자연의 공기가 참으로 맛깔스럽다
>
> -〈멈춤〉 3연

아주 짧은 시간이었으나 문명의 많은 혜택만큼 잃는 것도 참 많다는 것을 깨우치는 순간이었다.

자주 만나는 사람도 마음을 알 수 없어 갈등이 생길 때가 있다. 그럴 때 답답한 마음을 노래해 보았다. 그런 마음에서 노래한 시 한 편을 더 소개해 본다.

> 꽃피던 봄 지나/ 타오르던 여름이 가고/ 쓸쓸한 가을이 와도// 쉬이 사그라지는 풀꽃이 아닌/ 뿌리 깊이 내려지는/ 나무로 자라 주었으면// 우리의 인연이 그러길 바란다
>
> -〈인연〉 부분

나이를 먹으니 사람이 만나 인연을 맺으면 참 소중하다는 생각을 한다. 하지만 상대는 그렇지 않음을 느낄 때 우리는 좌절을 하게 된다.

나는 시를 쓸 수 있다는 것에 참 감사함을 느끼며 산다. 마음에 외로움이나 아픔 또는 고달픔을 느낄 때도 시상이 떠오르고 감사의 마음이 있을 때도 시상이 떠오른다. 얼마나 감사한 일인가?

누가 시를 읽고 박수를 보내지 않아도 좋다. 나의 마음을 고스란히 한 편의 시에 쏟아 부어 마음이 가벼워졌으니 그만하면 된 것이다.

〈홍성수〉

- 호 : 무영(無影)
- 2006, 문예사조 시 부문 등단
- 2012, (사) 한내문학 동화 등단
- 수상 : 문예사조 문학상 수상. 한내문학상 본상 수상
  한국민족문학가협회 우수상
  2016년 산림청장상(우드버닝)
  2019년 식약처장상. 2019년 보령시장상
- 저서 : 제1시집 : 나도 한번 소리 내어 울고 싶다
  제2시집 : 천일의 숨소리
  공동자서전 : 꿈꾸는 자서전
- 동인시집 : 성주산 울림 '제1호 ~제8호,' 창립, 발행인
- 수록시집 : 한국시 대사전. 한국시인 대표작 1호
  국가상훈 편찬위원회-현대사의 주역들 예술인
  문예운동-우리들의 좋은 시
  한국 103인위 시선집 [석양에 걸린 바다] 외 다수
  월간 문예사조 연재 시 [제37회]
- 활동 : 사단번인 한내문학 창립이사. 한내문학 작가회장
  한국문인협회 문단정화위원회 위원
  문예사조문인협회 회원,
  마을기업 "글과 나무" 협동조합 창립 이사장
  행복한 글과나무 회장

술멍

홍 성 수

소주와 탄산수 섞으니
뽀글뽀글 끓어오르는 술잔

술잔을 멍하니 바라보자니
하루의 감성 터럭도 함께
술잔 속으로 희석된다

고단함 한잔 탁 털어 비우고
또 한잔에 상한 맘 비우고
세 번째로 아쉬움을 비워 낸다

술잔에 다 털어 내는
불멍도 물멍도 아닌
술멍을 하며 긴 하루를 마무리한다

인연

홍 성 수

봄날처럼 화려했던
우리의 인연도

열정의 시간이 지나
몇 알의 열매만 맺히고는
가을을 맞이하려는가

꽃피던 봄 지나
타오르던 여름이 가고
쓸쓸한 가을이 와도

쉬이 사그라지는 풀꽃이 아닌
뿌리 깊이 내려지는
나무로 자라 주었으면

우리의 인연이 그러길 바란다

멈춤

홍 성 수

익숙지 않은 정전
갑자기 주변이 조용해지고
싱그러운 바람이 비집고 들어와 살랑인다

간혹 밖에서는
사람들 말소리가 들리고
지나는 자동차 바퀴 구르는 소리도 들린다

전자기기의 숨이 멎은 순간
문명의 소음이 거칠음을 알게 되니
자연의 공기가 참으로 맛깔스럽다

간간이 나오는 자연인들 이야기
이런 느낌 때문에 자연으로 갔을 거라
미루어 짐작해 본다

성주산 노송

홍 성 수

툭툭 갈라진 입술
뒤틀리고 일그러진 눈매
긴 세월 비바람에 휘둘린 모습

숱한 세월 끌어안으며
안으로 안으로
하얀 속살에 연년이 새겨진 기록

성주산 능선에
노송은 할 말을 참다가
뿌리 깊이 사리가 주렁하다

고장 난 거울
–억지

홍 성 수

거울이 고장 났다
내가 보는 거울들은
모두 고장 난 것들뿐

미소 띤 고운 얼굴에
요리조리 비춰 보며
아름답다 폼 내던 여인을

쭈글쭈글 저리 폼 없이
보여지는 것은 저 놈의
거울이 늙거나 고장이 난 것이다

샤워실 거울은 더
회생 불가 상태

내가 본 모든 거울은 고장이 났다

그리움

홍 성 수

산들바람 일렁이고
들판이 금물결을 이룰 때
감은 불그레이 색을 내보인다

수란 언니 시집가던 날
초례청에 볼 빨간 새댁처럼 예쁘다

차창에 스치며 보이는 감나무에서
자꾸만 어린 날 옆집 언니가
보이는 것은 고향의 그리움이다.

바다향이 깃든 갈머리

홍 성 수

갈머리를 감싸는 짙은 솔향
짠 바다 내음으로 코끝에 전해 온다

토정 이지함의 고귀한 숨결이 배어 있는 곳
뜻을 기리려는 후손은 카페 토정마루에서
진한 커피 향으로 손님을 맞고 있다

관촌마을
소설가 이문구 생가터에
조그만 현판 하나가 자리를 지키고
오래된 우물터에 이끼와 개구리가
마르지 않는 샘물에서 묵새기고 있다

갯벌 모퉁이 소금가마 굴뚝 연기
아련한 옛이야기
바다 소리 되어 귓가에 맴돈다

어버이날

홍 성 수

가슴에 박힌 묵직한 못

너도 나도 어버이날이라고
부모님을 찾아가고 찾아오고

사우나에서 만난 80노인
찾아온 자식도 손님이라며 행복한 푸념

내 어머니 계신 요양병원
코로나19로 찾아뵙지도 못하고
찾아간들 알아보지도 못해

살아 계신 것인지
아닌 건지
이승도 저승도 아닌 듯

답답한 가슴
너스레라도 떨고픈 이 마음
어디 가서 풀어 볼까나

선물

홍 성 수

오늘은
나에게 선물을 한다

가장 소중한 나에게
행복한 시간을 주어 본다

무얼 할까
누굴 만날까
무얼 먹을까

아니 혼자 훌쩍 여행을 떠나
자유를 만끽하고

나를 멋지게 보여줄 옷 한 벌 사고
좋아하는 음악을 들으며 달리는 거야

차창 밖으로 마음의 군더더기
버리면서 신나게 달려 보는 거야.

정

홍 성 수

여울물처럼 흘러가는 정

잡으려 하지도 않고
아쉬워하지도 않으며
그러려니 흐르는 것이려니

쌓으며 부서지는
정이란 강을 따라
무심히 흘러가는 강물 같은 것

살며시 내려앉은
낙엽 하나가 춤을 추며 동행을 한다

강물은 흘러 드넓은 바다로 간다고……

민들레

홍 성 수

휘몰이 태풍이 와도
땅을 부여잡은 뿌리

쉼 없이 홀씨 날리며
땅의 힘을 믿는다고

땅이 폭풍우에 무너져도
그 땅과 함께한 운명

언제나 낮은 자세로
그냥 그 자리를 지킨다.

이연순
(시인)

진정한 시인으로 성공한 여류시인

꾸준한 노력으로 시인의 길을 열어 가고 있는 이연순 시인은 지난 6월에 『무창포 바닷길』이라는 처녀시집을 출간하였다. 나는 이 시인의 『무창포 바닷길』이라는 시집을 여러 시인들에게 선물하면서 "고고하고 진정하게 시로 성공한 시인이다!" 하고 자랑했는데, 이연순 시인은 정말 누구에게도 자랑할 만한 여류시인이라는 점을 여기에서도 밝혀 두고 싶다.

이번 13인의 동인시집에도 동참한 이 시인은 좋은 신작들을 여러 편 발표했다. 이번에도 그의 시들을 신중하게 읽으면서 "역시나!" 하고 또 한 번 느낀 바가 크다. 이연순 시인의 시들 중에서 〈인생 시작〉 전문을 소개한다.

인생 시작부터/ 짝궁으로 만난/ 당신과 나 //
같은 세상에서/ 서로 사랑하니/ 너무 좋습니다//
봄이 되면/ 당신처럼 환하고/ 가을 되면/ 당신처럼 넉넉한//
오늘은 좋은 날/ 당신 있어 우린/ 행복이 두 배입니다.

다음으로 〈자연의 만남〉이란 시를 보면 누구나 빨리 머릿속에 와 닿는 작품인데 3연과 4연을 소개한다.

어느 날/ 나는/ 자연을 만나러/ 나갔습니다//
역시 자연은/ 거짓이/ 없습니다.

이연순 시인은 시인으로서 꾸준히 창작시를 출품한 시 중에서 사랑, 홀로서기. 백일홍꽃 등, 그 이외 남다른 서정적인 시심으로 열심히 창작하는 진정한 시인으로 성공한 여류시인이다.

〈문학평론가 최양희〉

- 한내문학 시 등단, 신인상 수상
- 사단법인 한내문학 부회장
- 한국103인 시집 수록
- 월간 문예사조 시 수록
- 문예사조문인협회 회원
- 현 오천면 새마을부녀회장
- 수상 : 사단법인 한내문학상 본상
  국회의원 상
  충남도지사 상
  보령시장 상 외 다수
- 제1시집 〈무창포 바닷길〉 출간
- 동인시집 『성주산 울림』 5~8호 동인

따스한 커피 한 잔

이 연 순

그대가 전해 주는
따스한 커피 한 잔
오늘따라 내 가슴에
뜨겁게 와 닿는다

커피의 향기 그대와 같고
세상을 얻은 듯

따스한 커피 한 잔을 마신다.

긍정의 힘

이 연 순

긍정적으로
생각하고
바라보고
들으면

긍정으로
보이고

세상살이도
그렇지
않을까요

긍정의 힘
참
좋은 힘입니다

이기는 것과 지는 것

이 연 순

성냄
욕심
인생 앞에서는
이겨야 하고

나눔
진실
미소 앞에서는
져야 한다

그대
이길 것인가
그대
질 것인가

누가 뭐래도
이겨야 하고

코가 땅에 닿도록
져야 하며

낙엽이 져 가는 가을
앞에서 나는
숙연해진다

석양

이 연 순

하루 좋은 빛을
내다

석양으로 떨어지는
태양은

은빛 물결
붉은 석양빛

어두움에
서서히 사라져 간다!

존재

이 연 순

나라는 사람
나를 사랑합니다
내가 있어 이 세상은
존재합니다

내가 이 시간에 있어
좋습니다
나를 사랑하는 것은
좋습니다

내가 보는 시선
내가 맛보는 것은
꿈이 아닙니다

나라는 존재는
어디든 갈 수 있고
무엇이든 할 수 있는
존재입니다

인생 시작

이 연 순

인생 시작부터
짝궁으로 만난
당신과 나

같은 세상에서
서로 사랑하니
너무 좋습니다

봄이 되면
당신처럼 환하고
가을 되면
당신처럼 넉넉한

오늘은 좋은 날
당신 있어 우린
행복이 두 배입니다.

자연의 만남

이 연 순

아름다운 자연은
내게 다가오지
않습니다

언제나 내가
움직여야
만날 수
있습니다

어느 날
나는
자연을 만나러
나갔습니다

역시 자연은
거짓이
없습니다.

무엇을 담아 가려 하는가?

이 연 순

그릇에 무엇을 담아 가려 하는가?
욕심만큼 담아 가려면
무거워서 들지 못하고
사랑만큼 담아 가려면 빛이 나고

모두 다 내려놓고 가면 훨훨
날아갈 듯 행복한
인생은 한 발자취
담아 가는 인생

세상살이 큰 그릇 담아
사랑도 담고
행복도 담아
베푸는 인생

별빛이 빛나는 밤에
꿈처럼
헛손질에
무엇을 가지고 가려는가?

사랑

이 연 순

바람 부는 날
외로이 나뭇잎 아래
바위에 앉아
먼 허공을 본다

서로를 사랑해도 만날 수 없고
도와줄 수 없는 세상이 왔다

사랑이란
사랑이란

뜨거운 가슴으로 안아줄 수 있는 것은
과거가 되고 말았다
온 가족이
밥 한 그릇 나누어 먹던 시절

노래하며 흥겨워하던 시절
입 크게 벌리고 웃던 시절
요란한 마스크는
그 언제 저 멀리 버리려나……

홀로서기

이 연 순

그리움 속에
잠이 든다
외로워서 밤새우며
잡고 싶은 세월

태양이 떠오르는 것은
희망이란 이름으로
꿈인 양 잠들고 싶다

보름달빛에
그림자를 중앙에 두고
이 밤을 잡고 싶다

목숨이 한 번이라면
사랑의 힘으로 별이 되어
영원히 빛나는
반짝이는 별이 되고 싶다

홀로서기를 위하여

백일홍꽃

이 연 순

길가에 백일홍
오늘은 유난히 예쁘다
찬바람 솔솔
새벽바람 찬바람

꽃분홍 화사하게
얼씨구 좋다
절씨구 좋다
예쁜 백일홍꽃

파란 하늘 높고
저 구름 타고
산 너머 고향 길
꽃바람 타고 갈까?

들녘마다
자란 볏잎들은
백일홍꽃에
올해는 풍년일세

이미숙
(시인)

선천적으로 타고난 유능한 여류시인

'이미숙' 시인하면, 보령시의 '보령문학회'에서 오랜 세월 동안 그 누구보다도 꾸준하게 활동하는 시인이라는 것을, 지역 문학인들 외에도 많은 친지들이 다 알고 있는 사실이다.

다시 말해서 보령문학 회장, 낭송회장, 민들레 회장, 우드버닝 강사 등, 다방면으로 활동하면서, 자신의 사업에도 최선을 다하는 시인이다.

이번에 『성주산 울림』 제9호에 동참한 이미숙 시인은, 생활 자체가 그 누구보다도 정신적인 집념이 강한 시인이며, 시를 창작하는 데는 모든 독자들에게 가까이 다가서는, 잔잔한 울림소리를 내고 있는 여류시인이다.

이번 『성주산 울림』에 출품한 시들을 보면서 나는 새삼스럽게 이 미숙 시인의 오랜 문학 활동이 거저가 아니었음을 다시 한 번 깨닫게 됐다.

이번 『성주산 울림』에 출품한 시 중에 〈후유증〉 전문을 소개한다.

> 너의 부드러움이 익숙해질 때/ 사랑하고 싶어/ 움찔대는 가슴/ 너의 무심함에 소스라치게 놀라 얼어버린다// 넌 그렇게 몹쓸 짓을 하고 떠나버리고/ 내 몸이 기억하고 있는/ 부드러운 손길을 그리워하며/ 밤을 지새운다.

〈후유증〉이란 시 한 편만 봐도 자신의 시심이 순수하고도 기발한 시 라는 점을 금방 느껴지는데 "부드러운 손길을 그리워하며/ 밤을 지새운다." 라는 결말을 보면서, 나는 이미숙 시인은 '선천적으로 타고난 유능한 여류시인'이라는 점을 자랑하는 바이다.

〈문학평론가 최양희〉

- 2002년 한내문학회 입회
- 2003년 보령문단 창단 입회 창간호 참가
- 2005년 한내문학회 부회장 역임, 문예사조 신인상 수상
- 2009~2011년 보령문학(보령문단과 보령문학 합병) 감사 역임
- 2010년 (사) 한국문인협회 입회
- 2011년~2017년 대한민국시인들 피아 동인 입회 및 활동
- 2013년 민들레시화회 창립
- 2014년 대천 해변시인학교 운영위원회 사무국장 역임
- 2015~2016년 (사) 한국문인협회 보령지부장 역임
- 2017년 문학부분 보령시장상, 보령예총지회장상 수상
- 2017년 ~2021년 민들레시회회 전시회 5회 운영
- 현) 한국문인협회 회원, 보령문인협회 회원. 민들레시화회 대표, 보령낭송인회 대표

비상구, 나의 비상구

이 미 숙

어디에 있을까
사방팔방 헤매어도 보이지 않는 문

아무것도
보이지도 잡히지도 않는
좁아만 가는 나의 공간

나가야지
두리번거리는 막연한 바람

열릴 것이야
더듬더듬 두드리는 허망한 희망

그래도 비상구는 있다

비상구, 나의 비상구
어디쯤 있는가?

후유증

이 미 숙

너의 부드러움이 익숙해질 때
사랑하고 싶어
움찔대는 가슴
너의 무심함에 소스라치게 놀라 얼어버린다

넌 그렇게 몹쓸 짓을 하고 떠나버리고
내 몸이 기억하고 있는
부드러운 손길을 그리워하며
밤을 지새운다.

도시 갯벌

이 미 숙

도심을 흐르는 하천이
바다와 합쳐지는 풍경은
기억의 흐름을
시간과 공간 속으로 풀어 헤쳐 놓는다.

바다에 닿는 물길은
저물어 가는 하늘과 도시를 물들이고
물 따라 달려온 자전거 바퀴의 흔적을 지운다.

도시의 매연과 소음 속에
고요를 삼키고 있는 뻘
무한한 기대감에 부풀어 올라 있다

밀물에 서서히 적셔지는 갯벌을 들쑤시며
먹이를 찾는 한 무리의 새들은
도시 쪽으로 밀려간다.

다시
화려한 불빛 속에 도시는 깨어나고
바다는 그 너머에서 신기루처럼 반짝인다.

먼 거리를 달려온 자전거 두 바퀴
무거워진 마음속 보따리를 얹어
도시로 달려 나간다

대천 1동

이 미 숙

까만 연탄 부스러기 길 따라
숨바꼭질하던 그때 그 골목
노란 꽃잎이 벽에 박혀 내게 말을 건네 옵니다.

하늘 끝에 닿아 있던 경찰서 앞 망루
손이 닿을 듯 낮게 앉아 어릴 적 추억을 전해 줍니다

넓은 운동장에서 교실 가기가 너무나 멀었던 대천초등학교
친구들 반갑게 맞이하던 정문에서 보이는 교정은
그리운 벗들 생각만으로 지금은 꽉 차 보입니다.

높은 마당 둑길로 옹기종기 소풍 길 재잘거림
지장골 아파트 담벼락에 부딪쳐
그리운 메아리 되어 들려옵니다 .

빼금거리던 생선 아가미가 신기하고
가까이 가면 잡아당길 것 같던 꽃게 집게발이 무섭지만
밀가루 익어 가는 냄새에

할미 치마폭을 부여잡고 징징거렸던
그 시절 그때로
나를 이끄는 현대시장이 오늘 다시 정겹습니다.

나의 고향 다른 이름은
대천 1동입니다.

가을 밤바다

이 미 숙

뜨거웠던 한여름 사랑이여

그리운 이, 보고 싶은 이
색소폰 파 삽의
어정쩡한 음으로 힘껏 불러 본다

색소폰 흐느낌에
노을도 왔다 가는데
뜨겁게 안아 주던 너의 체온은 소식이 없다

하얀 밤 파도는 트로트 가락에
두둥실 두둥실 춤을 추며
뜨거웠던 여름 추억을 모래밭에 묻는다

조개껍데기 속으로 살랑 불어 대는 밤바람
가 버린 이 돌아오라 부르는 색소폰 울림
가을바람은 색소폰 소리로 낭만 바다를 만든다

흉통

이 미 숙

반평생 인생에 굳은살이 배어 있는
주름진 가슴이 아프다

같은 상처에 똑같은 생채기를 남기는
헐어 버린 마음
그래도 가끔은 설레임에 들뜬다

두근대는 가슴
아파도
너라서 행복하다

비 오는 11월 어느 날에

이 미 숙

코로나19 백신으로 묵직한 왼팔로 운전을 하며
정수기 필터를 싸들고 가가호호
다음달 공과금을 계산하는 것을 보니
대한민국 국민

도시재생 동네 한바퀴팀의 기행문을 퇴고하고
사명감에 들떠 원도심 장터 기획에
핸드폰의 통화는 쉬지 않으니
보령시 시민

예술적 감각으로 뭉친 벗들과의 시화전 준비
시를 노래처럼 즐기는 이들의 잔치 결산
글과 그림으로 일상을 풀어 내니
가히 난 예술가

밥 먹고 나면 지저분한 앞자락
떠오르지 않은 이름 연신 거시기 부르고
앉고 서고 곡소리가 절로 나오는 나이

2021년 11월의 비 오는 어느 날
사람 사이에 앉아 독한 소주잔 앞에 놓고
소리치며 칭찬한다
나는 환갑 멀티 탤런트라고!

변명

이 미 숙

열린 빗장문 아무데나 돌아다니던 마음
가벼운 바람에 심하게 흔들거리던 몸

세상의 지저분한 수다 속에서
세상 없는 오만으로 놀려 대는
내 짧은 혀끝 비수
가슴을 찌르는 부메랑 되어 돌아옵니다

내가 남을 용서하기보다
남이 나를 용서하길 바랍니다

굳이 변명을 하라시면
지독히도 외로웠나 봅니다.

동행

이 미 숙

뒤처진다고 안쓰러워 말게나.
네가 먼저 간 길이 더 힘들고 외로울 수도 있겠지
네가 견뎌 온 길이기에 나 묵묵하게 갈 것이네

너무 뛰어 가지는 마시게나.
어차피 만나야 할 곳으로 우린 가고 있지 않은가

뒤에 가는 나를 외롭게 하지는 말게나.
눈에 보이는 것이 세상 사랑을 다 말해 주는 것은 아니네
가끔 뒤돌아봐 주게나.

너와 틀린 이가 많다고 서러워도 마시게나.
같이 걸어가도 꿈은 다른 이가 많은 것이네

함께하는 세상
나는 또 다른 너인 것을.

해바라기
–짝사랑

이 미 숙

너의 뜨거운 가슴에 안겨 보려고
노란 날개 활짝 젖혀 보지만
뒤돌아서는 너의 차가움에
서러운 눈물로 밤을 새워야 했다

가까이 가지도,
도망가지도 못한 채
바라보는 너의 그림자는
시커먼 멍울로 내 가슴에 남는다.

악마 같은 열정에 덴 가슴
체념할 줄 모르는 삐뚤어진 집착

오늘도 사랑이라는 늪에 빠져
멍하니 하늘만 쳐다본다.

잔화(殘花)

이 미 숙

꽃은 시들어 갈 때가 예쁘다

새까맣게 변해 가는 줄기에
간신히 매달린 마지막 꽃잎
온 힘을 다한 정력을
뿌리 끝까지 꾹꾹 누르고 있다

폭삭 시들어야
달콤한 열매가 열리지 않는가.
꺾이지 않았기에
화려하게 다시 피지 않는가.

꽃은 질 때가 더욱 아름답다

오치인

(시인)

자연미를 묘사하는 기술이 뛰어난 시인

오치인 시인은 주변에서 인정받고 있는 유능한 시인이면서도, 자신의 사업이나 사회적으로 상당한 위치에서 활동하고 있는 시인이다. 오 시인은 오랜 세월 동안 우리 한내문학을 위해 든든한 기둥 역할을 하고 있는데, 이번에도『성주산 울림』에 동참하면서 그 누구에게나 심금을 울리는 좋은 시들을 보내왔다.

이번에 출품한 〈행복의 시〉 3연과 4연을 소개한다.

> 언덕 위 하얀 집/ 나를 보며 반기는 동물들/
> 유독 나의 손길을 기다리는 그들이 있어//
> 오늘도 난 주름진 두 손으로/ 그들을 어루만지며/
> 시를 지을 수 있음에 나는 행복하네

오 시인은 위의 시처럼 시적 이미지 감각이 자연스러움, 독자들이 빨리 와닿는 시상을 잘 살려 내는, 개성이 뚜렷하고도 부지런한 시인이다.

이번에 출품한 시 중에서 〈한여름 밤의 고향 하늘〉 일부를 자랑한다.

> 소나무 숲을 지나 방금 도착한 시원한 바람이/ 내 가슴속 깊은 곳을 닦아 내고// 희미한 초승달 불빛에/ 달맞이꽃은 마중이라도 하듯// 은하수 따라 흐르던 그리움으로/ 그해 여름밤은 고요했다.

위의 시만 봐도, 오치인 시인은 인간적으로나 시적으로나 사업적으로 정말 훌륭한 인물이다. 자신의 뜻과 어긋나지 않은 이상의 시세계를 구축하는 열정으로 시적 감각을 잘 살려 내는 '자연미를 묘사하는 기술이 뛰어난 시인' 이라는 점을 강조하는 바이다.

〈문학평론가 최양희〉

- 민주평통자문회의 보령시협의회장
- (사) 한내문학 시 등단 신인상 수상
- (사) 한국문인협회 회원
- (사) 한내문학상 본상 수상
- (사) 한내문학 자문회장
- 국민훈장 목련장 수상
- 대통령 표창 수상
- 만세보령 대상
- 대전지검 홍성지청 운영위원
- 법무부 청소년 범죄예방 보령지구 회장
- 13인의 동인시집 〈성주산 울림〉 제7호, 제8호 동인

행복의 시

오 치 인

아침 햇살이
무거운 나의 눈을 움직이는 날

하룻밤 사이 활짝 웃는 하늘이 고맙고
그 하늘 아래 살포시 고개를 드는
연둣빛 새싹이 어여쁜데

언덕 위 하얀 집
나를 보며 반기는 동물들
유독 나의 손길을 기다리는 그들이 있어

오늘도 난 주름진 두 손으로
그들을 어루만지며
시를 지을 수 있음에 나는 행복하네

가을 사랑

오 치 인

푸른 가을 하늘 속으로 스미는
검게 그을린 얼굴
햇살이 좋아 살짝 찡그리며

설레는 마음으로
사랑스런 가족들을
맞이하러 길을 나선다.

먼발치 진하게 전해 오는
보랏빛 향기가
나의 마음을 움직이고
붉은 향기가
나의 코끝을 건드릴 때

그들을 사랑하는 내 마음은
따뜻한 가을 햇살을
한 아름 끌어안은 넉넉한 마음이다.

이런 게 행복이겠지……

어부의 노래

오 치 인

육지보다 빠른 바다 위의 시간
노다지 땅이라 부르는 황금어장

대문 열고 나서면 넓디넓은 갯벌은
모두 내 것인 양, 갯벌에 살아 숨쉬는
생명의 소리가 정겹다

만선을 기대하고 나선 어부의 출항
기다림의 시간은 길기만 하다

긴 기다림이 끝나고 그물을 걷어 올리는
어부의 초조함이 잠시 침묵을 지킨다

어부는 노래한다
바다가 키운 것 모두
못나고 잘난 것 없이 똑같은 황금이라고

출렁이는 검푸른 물결 사이로
어부의 입가에 유행가 자락 흘러나오고
새벽은 어느새 어부를 향해 밝아 오고 있다

어머니

오 치 인

날 향한 어머니의 사랑
당연한 줄 알았습니다

날 향한 어머니의 걱정
귀찮기만 했습니다

어머니는 아줌마이기에
꾸밀 줄 모른다 여겼습니다

어머니는 나만을 위해
존재하는 줄 알았습니다

할아버지가 되어보니
어머니도 여자란 것을 이제야 알게 됩니다

어머니란 두 글자
평생 목이 메이는 글자입니다

행복

오 치 인

노인에게 묻습니다
행복이 무엇인지

행복은 지난 세월이
행복이었다고 말합니다

중년에게 묻습니다
행복이 무엇인지

행복은 남의
이야기라고 말합니다

어린아이에게 묻습니다
행복이 무엇인지

엄마 몰래
사탕 먹는 것이라고 합니다

행복은 어린아이와 같이 소소함이며
노인과 같이 인생의 모든 순간인 것을
우린 알지 못합니다.

이삭

오 치 인

황금 들녘으로 무르익은 들판에
푸르름이 발갛게 물들고
가을 햇살이 좋은 하루
낯익은 벌레 소리 귓전을 울리며
씨앗처럼 여무는 그리움으로 다가올 때

땀방울 구슬리며 허리춤 틀어져도
구수한 막걸리 한 잔으로
얼굴엔 웃음꽃이 피어나고
올해도 어김없이 찾아온 무서운 태풍에도
내년은 잘되겠지……

아들, 딸 손녀들에게 챙겨 주시려
굵은 마디마디 손가락엔
어느새 음식이 한가득
행복한 얼굴엔 행복이 한가득
풍성한 가을을 맞이해 본다

봄의 첫 번째 일기

오 치 인

깊은 골짜기 돌 틈 사이로 개굴개굴
흐르는 음악에 맞추어 노래 부른다

하늘도 파랗게 바뀌어 놓고
계절도 따뜻이 안기는구나

얼었던 대지도 기지개 켜고
쑥 냉이 서로 나오겠다, 다툼할 때

낯익은 새 한 마리 머리 위에 지저귀며
봄이 왔음을 알리는구나

앙상하던 가지가지마다 하얀 눈망울 터트리고
새순의 생명이 가지마다 꿈틀댈 때에

기적같이 봄이 왔음을 알리고
꽃피는 봄을 맞이하니 나는 행복하구나

청포도 사랑

오 치 인

건드리면 터질 듯이 아침 이슬을 머금은 청포도알
알알이 주렁주렁 튼실도 하지

시집간 우리 누나 청포도 못잊어
10리 길 걸어 금세 달려오고

왕매미 소리 거칠게 울어 댈 때쯤
깨물면 새콤달콤함이 입 안에 사르르

나의 그리운 어머니 청포도알에 그려지면
어릴 적 생각에 금세 눈시울이 붉어지네

청포도 단물만큼 나의 그리운 어머니
옛 생각에 잠기어 하루가 저무네……

세상살이

오 치 인

세상이 힘에 부대껴 힘들다 느껴질 때는
갈대가 되어 보라

세상에 아무런 연민도 없고 미련도 없는 것처럼
바람에 몸을 맡겨 흔들어 대는구나

세상 사는 법을 아는 듯
그 일렁이는 바람의 장단에 몸을 움직여 춤을 추는구나

어느새 부러지지 않게 살아가는 법을 배운 것이라면
세상을 뒤흔들 듯 그렇게 큰 몸짓을 할지라도
너를 방해하거나 손가락질하지 않을 테니

또다시 세찬 바람 불어오거든
미친 듯이 광란의 춤을 춰 갈대처럼 살아가라 보라

한여름 밤의 고향 하늘

오 치 인

눈부시게 쏟아지는 별빛을 물결 삼아
밤새도록 쏟아지는 물결과

반딧불이 깜박깜박 한여름 밤의 고요에
정겨운 풀벌레 소리가 정겹네

소나무 숲을 지나 방금 도착한 시원한 바람이
내 가슴속 깊은 곳을 닦아 내고

희미한 초승달 불빛에
달맞이꽃은 마중이라도 하듯

은하수 따라 흐르던 그리움으로
그해 여름밤은 고요했다.

나의 보물

오 치 인

눈부시게 푸르른 들녘
밭두렁 아지랑이에서 봄을 만나네

농부보다 먼저 봄을 알아챈
산수유꽃과 개울가의 버들강아지
따스한 바람이 잰걸음하고
봄 향기가 저만치서 봄 마을 가자 하네

봄볕이 반가운 어느 오후
모이 쪼는 닭들 새 생명을 품고

나물바구니에 봄 언덕 오르는
아낙네들의 정겨운 수다소리에
쑥스러운 민들레 살짝 고개 내미네

무사히 겨울을 이겨 낸 새싹들
봄의 들판에서 솟아나는 나의 보물들

유수 양철원
(시인)

시심부터가 출중하며 창의성이 확실한 청년시인

양철원 시인은 수년 동안 한내문학 사무실 옆 건물에서 사업하고 있는 시인인데, 건물에서 날마다 만나며 생활했지만, 양철원 시인은 인간성과 지혜와 폭넓은 대인 관계에서 활기차게 사업하는 "보령스피드화원" 대표로서, 자신의 사업을 활발하게 번창시키는 특별한 솜씨를 타고난 시인이다.

현재 우리 한내문학의 사무국장으로 일하고 있으며, 여기에 또 남다른 시적 감각이 뛰어났기에, 그의 눈앞에 펼쳐지는 모든 사물들을 시로 승화시키는 재주꾼이기에, 이번에 〈시인의 마을〉이라는 소재에 초점을 두고 창작했으며, 수많은 시인들이 모여드는데, 사무실 앞에 펼쳐진 자연 세계에 초점을 두고 쓴 시들이라고 본다. 이번에 발표한 〈시인의 마을〉을 탐독해 보니 어느 곳 하나 손색이 없는 시들이다. 그럼 〈시인의 마을 (1)〉 일부를 소개한다.

> 밤새 내린 것 같은 이슬비는/ 지금도 내리고 있으며//
> 앙상한 나뭇가지에 붙어 있는/ 작은 꽃눈들은 흠뻑 젖어//
> 금방이라도 무언가를/ 터트릴 것만 같네요

양철원 시인의 〈시인의 마을〉 11편을 신중하게 탐독해 보면, 자신의 내면적 정서를 시상으로 잘 살려 내는 능력이 타고 났다. 그러기에 대자연의 넓은 영역의 시야가 확 트인, 그 많은 창작시를 사무실 공간에 차곡차곡 모셔 놓고 있는데. 이번에도 〈시인의 마을 (4)〉 일부만 보자.

> 어제 비가 와서 그런지/ 오랜만에 맑은 봄날이고요//
> 구수한 커피 향과/ 따스한 봄기운을 느껴 보네요

양 시인은 폭 넓은 자신의 시상을 살려 내는 재능으로, 축약된 시의 핵심을 표출하는데 있어서 '시심부터가 출중하며 창의성이 확실한 청년시인' 이다.

〈문학평론가 최양희〉

- 아호 : 유수
- 월간 문예사조 시 부문 등단
- 한국문인협회 회원
- 사단법인 한내문학 사무국장
- 보령스피드화원 대표

시인의 마을 (1)

양 철 원

마을 어귀 스피커에서 나오는
작은 음악 소리인가

흐릿하게 창밖이 밝아 오는 아침
마음마저 차분하게 만들고

밤새 내린 것 같은 이슬비는
지금도 내리고 있으며

앙상한 나뭇가지에 붙어 있는
작은 꽃눈들은 흠뻑 젖어

금방이라도 무언가를
터트릴 것만 같네요

시인의 마을 (2)

양 철 원

새벽부터 비바람이 불기에
그 소리에 눈이 떠지는데

창밖에 살구 꽃잎이
꽃비가 되어 흩날리고

봄기운이 완연하다지만
오늘 바람은 차갑게만 느껴지며

휴일 아침이라 그런지
시인의 마을이 참으로 고요하네요

시인의 마을 (3)

양 철 원

살살 부는 바람이
만개한 벚꽃 가지들을
흔들고 있네요

벚꽃 잎들은
눈이 내리는 것처럼
이리저리 날리고 있고요

붉은색 인도에는
연분홍 꽃잎들이
춤을 추는 듯 일렁이고요

나 혼자 만끽하기엔
너무나도 아까운
봄날의 풍경이네요

시인의 마을 (4)

양 철 원

비에 젖은 벚꽃 사이로
아침 햇살이 눈부시고요

저기 산허리에는
군데군데 산벚들이 보이고요

어제 비가 와서 그런지
오랜만에 맑은 봄날이고요

구수한 커피 향과
따스한 봄기운을 느껴 보네요

시인의 마을 (5)

양 철 원

목련도 피고 지고
벚꽃은 피는가 싶더니
비바람 불면서
하얀 꽃잎이 녹색
어린잎으로 변해 있네

진달래도 피고 지고
라일락 향기 은은한데
손이 시릴 만큼
차가운 봄바람이
몸을 움츠리게 하는데

꽃샘추위 때문인가
따스한 님의 품을
그립게 만드는 오후

시인의 마을 (6)

양 철 원

덥다!
덥고도 더워

그 말 외에는
표현할 방법이 없네요

사방에서 울어 대는 매미 소리가
이젠 시끄럽게도 들리고요

거리엔 사람들조차 보이지 않는
여름의 한낮입니다

해가 갈수록 더워진다는 말이
사실인가 싶습니다

앞으로 이 더위
달포는 더 갈 텐데……

시인의 마을 (7)

양 철 원

어젯밤에 비가 오더니
더운 기운을 모조리
씻어 내려 갔는지

찬 바람에 얇은
여름이불을 끌어당기며
잠이 깨어집니다

조금은 차가운 느낌에
가디건을 걸쳐 입고
테라스에 나왔네요

따뜻한 커피가 더욱더
진한 향을 풍기네요
무덥던 여름도 이제는 갔나 봅니다

시인의 마을 (8)

양 철 원

들녘엔
벼 이삭들이
찌를 듯이 서 있는 계절

마을 한쪽에서
황성옛터를 노래하는
색소폰 소리가 구수하게 들려 오는데

한참을 잊고 살아왔던
고향 생각이 저절로 나는
고요하고도 잔잔한 밤이네요

시인의 마을 (9)

양 철 원

단아한 토기 찻잔에
얼음 동동 청귤차

잠깐의 이 계절에만 맛볼 수 있다 하니
귀하디귀한 차가 아닐 수 없네

새콤달콤 시원한 맛과 덜 익은 귤의 향이
가을을 재촉하고

풍요로운 가을을 앞두고
마을 주민들과 청귤차 한 잔

생신 맞으신 선생님
건강하시고 늘 행복하시길…….

시인의 마을 (10)

양 철 원

아직 이른 시간인데
하루해가 매우 짧아졌기에

먼 산 위에 이리저리 흩어진
깃털 구름이 붉게 물들고

누렇던 들판도
하얀 볏짚말이가 여기저기 널려 있으며

마을 군데군데 굴뚝에서 피어나는
하얀 연기가 동네 위를 흐르고

곧 다가올 겨울을
준비해야 할 때가 된 것 같습니다

시인의 마을 (11)

양 철 원

아침엔
성주산 어깨너머로
찬란한 태양빛이
서해를 보령을
밝게 비추더니

저녁엔
서쪽 바다 위의
붉은 노을은
성주산을 보령을
붉게 물들이네요

시인의 마을 주민 여러분
모두 축하드리며
여러분들과 함께여서
너무너무 행복합니다

CHO KI HYUN

신현숙
(시인)

언제나 유능하게 창작하는 여류시인

'신현숙 시인' 하면 모르는 사람이 없을 정도로 소문난 시인이다. 어떻게 그리 유명한 시인으로 인정받게 됐느냐면, 그것은 신현숙 시인은 사회적으로나 사업적으로 활발하게 헌신했는데, 현재 '동행찻집' 을 경영하고 있다.

찻집에 오는 손님들마다 진열된 신현숙 시인의 문학상패들과 시화작품 등 한내문학 책을 둘러보면서, 모두들 특이한 시인으로 인정받기 시작했던 것이다.

이번에도 『성주산 울림』에서 서정적인 시상이 물씬 풍기는 시들을 발표했는데, 그중 〈세월〉이란 시를 보자면-

어제 불던 바람/ 오늘 또다시 찾아와/ 온 천지를 두들기니//
상처받은 순간들 어루만지며/ 갈 수밖에 없는 세월//
모든 일들 가슴에 묻고/ 새 희망의 태양을 만난다

신현숙 시인의 자연에 대한 메시지가 흐르는 하늘가의 구름처럼 유연한 문맥으로 형상화시켜 낸다. "모든 일들 가슴에 묻고/ 새 희망의 태양을 만난다"의 구절만 봐도, 가슴속에 묻혀 있는 자신의 메시지를 던져 주고 있는 작품이다. 다음으로 〈나의 길〉이란 시를 보면-

하나둘 빈 곳이 생기면서/ 이곳저곳이 보이는구나//
지나온 길은 아득히 멀어만 가고/ 뒤돌아보니 아련한 추억의 그림자

신현숙 시인은 '언제나 유능하게 창작하는 여류시인' 이며, 항시 시상의 그림자가 가슴속에 내재되어 있는 여류시인이다.

〈문학평론가 최양희〉

- 보령시 민족통일 여성협의회 전 회장
- 전) 평화대사 사무차장, 시민경찰 감사
- 사회복지 6기 회장
- 공주대 산업대 17기 부회장
- 사단법인 한내문학 시 등단 신인상 수상
- 한국문인협회 회원
- 사단법인 한내문학상 공로상 수상
- 한내문학상 대상 수상
- 한내문학 홍보국장

세월

신 현 숙

하늘은 점점 높아만 가고
연초록의 나뭇잎은 짙어 가는데

어제 불던 바람
오늘 또다시 찾아와
온 천지를 두들기니

상처받은 순간들 어루만지며
갈 수밖에 없는 세월

모든 일들 가슴에 묻고
새 희망의 태양을 만난다

연꽃

신 현 숙

흙탕물 속에서 예쁘게 피어난
맑고 밝은 그 꽃

넓은 잎새 위에 우뚝 솟아
아름다운 자태를 자랑하는 그 꽃

물속에서 한결같이 자랐기에
때묻지 않았던가
고결하고 어여쁜 그 꽃

친구

신 현 숙

친구여!
자네가 있어서 참 좋구나

어릴 적엔 부모 형제가
전부이었는데
성장하면서 같이 지내던 친구들이
삶 찾아 이리저리 흩어지고

바쁘게 걸어온 지금
빈틈없이 짜여진 울타리가
순서 없이 빠져나가고
차가운 공기가 맴도는데

마음을 나눌 수 있는 친구가 있어서
정말 좋구나, 친구여!
우리도 언젠가는 갈 것이 아닌가

사는 동안
따뜻한 마음 나누어 먹으며
잘살아 보세 좋은 친구여

내 고향

신 현 숙

기쁠 때나 슬플 때나
찾아가고픈 거룩한 성주산 능선 따라
좌우로 높고 낮은 산들이 마주보며 메아리친다

세계를 부르는 자랑스러운 대천해수욕장
반짝거리는 모래알들은
여기저기에서 오는 이 가는 이에게
즐거움을 불러 준다

수평선 저 건너 군데군데
아름다운 작은 섬들은 오고 가는 이들의
마음을 사로잡으려 손짓하고

성주산 품에 안긴 우리는
따뜻한 민심 속에 서로서로 박수치며 만세를 부른다
만세 만세 만세보령

시를 쓰면서

신 현 숙

가을 빗소리가
닫혀 있는 마음을 열어 준다

구석구석 구름 조각처럼
끼어 있던 사연들이 못 이기듯
하나 둘 터져 나온다

인생 가을비 내 고향 친구
설레임과 떨림의 진통으로
쏟아 낸 마음속의 흔적들

책 속에 담아
꺼내어 보고 만져 주리

가을 해님

신 현 숙

파란 하늘 아래
비추어 주는 햇살
익어 가는 곡식들 다칠세라
고운 단풍 놀랠세라
따스하게 내려온다

옷깃을 스쳐 가는 가을바람에
가슴이 저려 오는데
슬픔에 젖어 있노라면
따스한 해님이 포근히 안아 준다

지난여름 살갗을 태우듯
이글거리던 그 빛이
어느새 가을 해님이 되어
어머니 품같이 따스하구나

가을비

신 현 숙

오곡백과는 무르익어
주인 품으로 돌아오려 하는데
갑자기 내리는 가을비가
바쁜 일손을 멈추게 하는구나

추위를 성급히 부르는지
우르릉거리며 쏟아지는 빗소리에
농부들은 손발 묶인 채 속을 태운다

앞동산 뒷동산에 예쁜 옷을 입으려는
단풍잎 빗물에 젖은 채 고개를 떨구며
가을비에 온몸을 움츠리고 있다

코로나19

신 현 숙

그 어느 날 말없이 찾아온 코로나19
우리는 걱정 속에 하루하루를 보낸다

너와 내가 손잡고
할일도 많다만

서로서로 조심 속에
가기만을 소원한다

빨리 떠나라 코로나19
모두의 아름다운 미소가 보고 싶구나

나의 길

신 현 숙

무성했던 그 시절엔
숲에 가려져 먼 곳이 보이지 않았는데

세월이 흐르고 보니 곁에서
하나둘 빈 곳이 생기면서
이곳저곳이 보이는구나

지나온 길은 아득히 멀어만 가고
뒤돌아보니 아련한 추억의 그림자

가슴속에 묻어 두고 하염없이 걷다가
그리워질 때면 살포시 꺼내어 보는 지나온 길

그 누구도 함께할 수 없는 길이기에
언제나 외로운 나만의 길

깊어 가는 가을

신 현 숙

차디찬 바람이 슬금슬금
옷매음 사이로 스며들어와

영원히 가 버린 그리운 님들이
차가운 기온 속에 아른거리네

푸르디푸르던 산과 들에는
울긋불긋 화려하게 옷을 갈아입고

바람결에 춤추다 아무 곳에나
떨어져 흔적을 지워 버린다

깊어 가는 가을은 산과 들을
텅 비워 놓고 야속하게 떠나 버린다

인생

신 현 숙

큰 동산만 넘으면
될 거라고 달려온 지 몇십 년

수십 고개를 넘고 넘어도
늘 그 자리

시간에 쫓기다 보면 어느덧
어둠이 찾아오고 하루가 저문다

힘차게 넘던 그 고개도 이제는
힘겹구나, 익어 가는 인생이기에……

초원 명리라

(시인)

선천적으로 타고난 여류시인

금년에 우리 한내문학 편집국장을 맡고 있는 명리라 시인은 모든 일에 관하여 다방면으로 활동적인 시인이다.

작년에 한내문학으로 등단할 무렵, 유명한 어느 평론가는 '명리라 시인' 은 "비유법에 능란한 솜씨를 보여 주고 있다. 자신의 시에 비유법을 잘 활용한 시인은 좋은 시를 쓸 수 있는 자질을 가졌다."고 말했다. 그러기에 이번 동인시집에도 동참하게 되었는데, 이번에 출품한 시들 중에 〈목련 같아라〉 일부를 소개한다.

한참 흰색 뽐내며/ 하늘 가까이 만발하더니/
따뜻해질 무렵 지는 목련//
이제 살 만해 돌아보니/ 져 버린 목련처럼/
고생하시던 부모님은/ 떠나고 없구나

지난가을 어느 날 어머님이 돌아가셨다는 소식을 들었는데 부모님을 그리워하며 쓴 시가 아닐까 생각된다. 명리라 시인은 좋은 인연들을 만나면서 시를 써 왔는데, '선천적으로 타고난 여류시인' 이라는 점을 보여 주고 있다. 그 외에 〈님께 가시리, 햇무리, 제가 기억할게요, 잠들어 버린 시간〉 등 함축적인 명시들이 많은데, 이번에 출품한 〈인생〉이라는 시를 생략해서 소개한다.

더이상의 역할이 없어져/ 어디서 왔는지 모르는/
그곳으로 돌아가는 게/ 우리네 인생인 듯!

위 시만 보더라도 뛰어난 창의성과 문맥의 배후에는 또 다른 의미가 깔려 있음도 알 수 있다. '우리네 인생' 을 살아가며 우리의 삶과 밀접하게 관계 맺고 운명처럼 살아야 하는 불가피성을 보여 준다.

〈문학평론가 최양희〉

- 아호 : 초원
- 1973년 서울 출생
- 1992년 서울 대원여고 졸업
- 2010년 군산 서해대 아동복지학과 졸업
- 2021년 한국방송대 4학년 문화교양학과 재학 중
- 2020년 한내문학 시 등단 신인상 수상
- 사단법인 한내문학 편집국장

말풍선

명 리 라

일상에서 내가 하는
생각하고 나오는 말
생각 없이 나오는 말

모래알같이 뱉어 내는
수많은 말이 말풍선이 되어

생각하고 나오는 말
내게 도움이 되어 돌아오고

생각 없이 나오는 말
남에게 비수가 되고
내게는 독이 되어 터져 버린다

주인 잃은 검정 고무신

명 리 라

한 잎 한 잎 그리며
그렸는데

받아 보고 예쁘다고
좋아하셨는데

한 번도 신지 못하고
다시 돌아와

내 맘만 찢어지니
어찌 할까 어찌 할까

님께 가시리

명 리 라

멈춰가는 심장 소리에
애타는 내 심장 소리

먼 곳에서 비상등 켜고
달려 봐도 이미 멈춰 버린 심장

칠십칠 년 삶을 거슬러
오십여 년 전 얼굴로

가시리 가시리
님께 가시리

뭐가 그리 급한지
삼 년 만에 님께 가시리

어찌 할꼬 어찌 할꼬
이미 붙잡을 수 없으니

사랑한다 고맙다 미안하다
외쳐 봐도 이미 가고 없는데

안타깝고 안타까워
아이고 소리만 나온다

제가 기억할게요

명 리 라

매일 듣던
허스키한 목소리도
당당하던 모습도

모든 것이 멈추어
딸도 몰라보고
누워 있는 모습에

두려움과 절망이 밀려들어
찢어지는 마음에
도망치듯 나와 버렸네

저를 알아보지 못하면
제가 알아보면 되고
저를 부르지 않으면
제가 불러 드리면 되고

저를 기억하지 못하면
제가 엄마를 기억하고
영원히 사랑합니다

햇무리

명 리 라

넓고 넓은 하늘에
혼자 있기 싫었는지

환히 웃는 모습이
애처로워 보였는지

무지개 안의 해를 보며
희망을 빌었네

그곳에서 두 분이 만나
웃으며 비추어 달라고

잠들어 버린 시간

명 리 라

모진 세월 참고 참아
행복한 날 올 때 되어

님 먼저 떠나가고
외로움에 아파하다
잠들어 버렸네

언제쯤 깨어나실까
님 보러 가시려나
기다리는 맘

숯가루 되어
날아가네

비움

명 리 라

가슴이 갈라지듯 아파 오는
통증에 숨이 멎을 듯
찢어지고

온몸이 굳어 가며 멈춰지는
나의 일상을 맛볼 때
비로소

갈라진 가슴 틈으로
비우라고 머리가 신호를
보내면

비우려 애써 볼수록
가슴만 갈라지고
몸만 굳어 갑니다

인생

명 리 라

나도 모르게 세상에 나와
누군가의 자식으로
누군가의 부모로 살다 보니

흐르는 시간 멈출 수 없고
흘러간 세월 다시 돌릴 수
없이 가 버리고

더이상의 역할이 없어져
어디서 왔는지 모르는
그곳으로 돌아가는 게
우리네 인생인 듯!

사월이면

명 리 라

산도 들도 푸르러
맘도 푸른데

일 년이라는 시간은
짧기도 하구나

보내 드리기 싫어
애태우던 그 사월이

벌써
두 번이나 지나고

목련 같아라

명 리 라

추위가 가시기 전에
꽃봉오리 피우며
봄을 알리고

한참 흰색 뽐내며
하늘 가까이 만발하더니
따뜻해질 무렵 지는 목련

이제 살 만해 돌아보니
져 버린 목련처럼
고생하시던 부모님은
떠나고 없구나

대천해수욕장

명 리 라

3.5 킬로미터의 넓은 백사장을
끝에서 끝까지 걸어
두 다리가 후들거리네

높은 라운지에 올라 보니
그 넓은 백사장이
내 손바닥만해져

노오란 백사장
초록빛 파란빛 하늘빛 바다
희고 푸른 하늘을

텅 빈 내 마음에 담아
고장 난 몸도 한결 가벼워지고
내 마음도 꽉 채워 주네

한결 가벼워지고 꽉 찬 마음으로
이곳에서 다시
제2의 인생을 시작해 보련다

일운 김일태

(시인)

자연을 끌어안은 문학적 시야가 넓은 시인

우리 한내문학의 회장으로 활동하고 있는 김일태 시인은 단체장으로나 사회 활동에서나 다방면으로 재능과 리더십이 타고난 시인이다. 특히 김일태 시인은 여러 단체들의 직책을 맡고 있는데 본인의 시간까지도 희생하는 시인이다.

사회에서나 단체에서도 여러 모로 인정받아 왔기에, 우리 한내문학 회장을 맡고 있지만, 이것은 누구나 할 수 있는 일이 아니라는 것을 말해 두고 싶다.

내가 꼭 하고 싶은 말은, 김일태 회장은 시적 감각이 뛰어난 시인으로서 '자연을 끌어안은 문학적 시야가 넓은 시인' 이라는 점을 밝혀 두고 싶다.

이번에 김일태 시인이 출품한 작품 중 〈구원〉의 시 일부를 보면–

> 당신의/ 발자국 흔적만이/ 먼 길 떠나는 자에게/
> 광명의 빛으로/ 승화된 편지로/ 들려온다.

다음으로 〈부부〉 시 부분을 보자.

> 바람 불면/ 바람을 같이 헤쳐 가며/ 때로는 상처로/
> 때로는 눈물로/ 사랑은 언제나/ 같이하고픈/ 그런 마음이랍니다.

그 외에 많은 시들을 발표했지만 위와 같은 시처럼, 김일태 시인은 언제나 진솔하면서도 정서가 안정되어 있는, 자신만의 특유한 가락으로 짜임새 있게 노래하는 시인이다. 다시 말해서 김 시인의 시 세계는 주관적 감각을 되살려서 시로 형상화 시키는 특유한 시인이다.

〈문학평론가 최양희〉

- 호 : 일운(一雲)
- 한내문학 회장
- (주) 나눔복지센터장
- 민화를 품은 심원마을 대표
- 한내문학 신인상 수상
- 13인의 동인시집 『성주산 울림』 8호 동인

구원

김 일 태

당신은
구원의 빛
강한 손으로 잡히는 순간
부드러움과 따스함이
마음을 위로하며
요단강 넘어
눈물 속에 사연을 묻고
절규하는 심장 박동 소리에
작아지는 침묵

당신의
발자국 흔적만이
먼 길 떠나는 자에게
광명의 빛으로
승화된 편지로
들려온다.

들꽃

김 일 태

몰래 핀 너
비탈에 끼어서
눈시울 숨기고
수줍은 미소 품으며
꺾는 손에도
짓밟은 발길에도
향기를 전하는 마음

넌
세찬 바람에
몸을 맡기고
잡풀 우거진 언덕에서
홀씨 날리며
바위 틈
보금자리 펴고
너는 너대로
나는 나대로
존재하는 거다

마실 여행

김 일 태

바쁜 일과를 한쪽에 밀쳐 두고
밖으로 나와
따사로운 햇빛 그늘에
티끌을 벗 삼아 앉는다
각박한 삶 속에
한발 두발 소리길 따라서
일어나 걷다 보니
어느새 한씨네 앞마당
바둑이가 마중 나오고
반갑다고 미소를 짓고
또 한발 두발 옮겨 걷다 보니
이씨네 뒷마당
홍시 가득 감나무 춤추고 있다
화려하지 않아도
여유를 찾아서
동네 마실 돌아 가운데 서 있다.

방 안에서

김 일 태

아담한 조용한 방 하나
정겹고 훈내 나는 기분
내 방에는
창문과 침대가 나를 쉬게 한다
옷장 안에는 보호할 무기들이
가득하고 선택을 기다리고
한쪽 벽엔 작은 그림이 웃는다
거실 소파에 걸터앉아
커다란 창문과 밖으로 안내하는 출입구
큰방에는 어머님 침대와 쌍 창문이
밖과의 대화를 잇는다
부엌에는 식욕을 자극하는 냉장고와 조리대
옆으로 작은 방으로
나의 비밀 창고인 컴퓨터와 의자
마지막으로 화장실에는
편안한 안식처인 변기와 반신욕기가
나를 부드럽게 미소 짓게 한다
난, 행복하다
모든 것들이 다 소중하다.

방황

김 일 태

갈까!
할까!
그냥 주저앉는다

하늘을 보다가
문득
땅을 보니
찰나
일평생 반
고민을 한다

등 뒤에서
작은 숨소리
한밤의 경점 같은
시간이야

폐교

김 일 태

희망 잃은 노랫소리
깨어진 창문
들고양이와 강아지 놀이터
지나간 흔적만이
남아서
시선을 고정시킨다

아이들 놀이터는
형체 없는 흉물이 되어
어떤 사연인지
되돌아오는 아픈 사연들

낮잠을 청하는 강아지 친구
불러오지 않는 구름
하늘에 떠 있고
넓은 운동장엔
잡초만
교정을 메우고 있다.

단풍 구경

김 일 태

파아란 하늘 지붕
흔들리는 구름 조각
물소리와 새소리 벗 삼아

선선한 향기에
알록달록한 무지개색 나뭇잎
산행 골 걷는다

넌, 어디로 가니?
글쎄!
자연에 몸을 맡긴다.

캠핑

김 일 태

커피 한 잔에
부드러움과 따스함이
한가롭게 만세를 부른다
용수철처럼 튕겨 나와
자연 벗 삼아
넌, 어디서 왔니?
글쎄!
날 받아줘서 고맙다고
웃는다.

꿈

김 일 태

노을빛 파도 위에
날갯짓하면서
외치는 기러기 떼
누구를 찾소
느낀 그대로
생각한 그 길을 날
방죽 너머 소리 없이
젖은 파도가
응원하네

불 켜진 등대 빛 바라보며
만선 배 손짓하고
차가운 하늘엔
별빛들이 하나 둘
온 세상은 잠들어
내일의 꿈을 꾼다
설익은 햇살이
새벽하늘을
깨우며 일어난다

부부의 사랑

김 일 태

그대를 좋아하기에
언제나
마음 설레며
발길 옮겨 속삭이고
잊지 못할 마음을
받아 왔지요

언제나 그대는 나와
함께 슬픔과 아름다움의
지게를 지고
즐겁게 걷기로 다짐하며
그대는 나의 한 조각
여행을 시작하면서
나의 꺼지지 않는 등불이 되어
비칠 겁니다.

부부

김 일 태

눈이 오면
눈길을 같이 걷고
비가 오면
우산을 들어 주며
바람 불면
바람을 같이 헤쳐 가며
때로는 상처로
때로는 눈물로
사랑은 언제나
같이하고픈
그런 마음이랍니다.

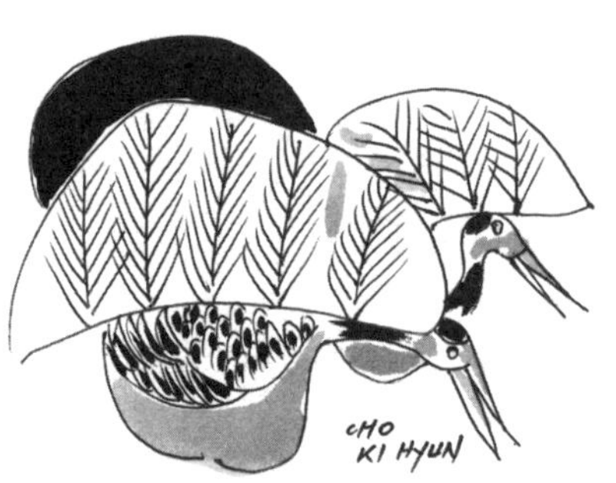
CHO
KI HYUN

소천(韶泉) 김기정
(시인)

시의 품격을 높여 주고 있는 기발한 시인

우리 한내문학의 회원들과 주위 분들한테 존경받고 있는 시인이 있다면 그분은 바로 김기정 시인이며, 현재 우리 한내문학의 감사를 맡고 있지만, 그 예전에는 공직에 있었으며 '면장 출신' 으로서, 자신의 취미 생활과 친목 단체들과 잘 어울리는 활동적인 시인이다.

몇 년 전에는 공동자서전 『백세시대를 향하여』에도 참여하여 자신의 글을 발표했었고 『성주산 울림』 제8호에 동참했었다. 또 가장 중요한 것은 팔순잔치 겸 제1시집 『내일도 오늘처럼』이라는 시집을 출간했을 때, 그 큰 행사를 가족들과 여러 친지들을 모시고 성대하게 치러 낸 시인이며, 지금도 '우드버닝 강사' 로 활동하고 있다. 이번에 출품시킨 시들 중에서 〈가을 산〉이라는 시를 소개한다.

> 산들산들 가을바람에/ 단풍잎은 떨어지고//
> 한잎 두잎 붉은 단풍은/ 색종이 되어 날아가고//
> = 중략 =
> 깊어 가는 가을 산에/ 낙엽만 쌓이네

김기정 시인은 〈가을 산〉의 소재를 두고 능숙한 솜씨로 시를 썼는데 독자들한테 공감되는 〈노송〉이란 작품 2연과 3연을 읽어 보자.

> 긴긴 세월 버텨 오면서/ 축축 늘어진 가지마다/ 건장하고도 웅장한데//
> 우리네 일생과는 달리/ 무병장수 당당한 모습/ 가슴속에 담아 보련다

김기정 시인의 시상의 내면의식은, 현실적인 사물을 직시하면서 시로 형상화 시켰는데, 시인으로 성공했음을 금방 느낄 수 있다. 김기정 시인은 시들마다 부족함이 없는, 관념적인 시상과 감각적인 이미지를 표출하여 '시의 품격을 높여 주고 있는 기발한 시인' 임을 주변사람들 모두가 잘 알고 있는 실정이다.

〈문학평론가 최양희〉

• 아호 : 소천(韶泉)
• 35년간 공직생활 – 녹조근정훈장 수상
• 2018년 (사) 한내문학 시 등단
• 수상 : (사) 한내문학 신인상, 본상 수상
• 저서 : 제1시집 〈내일도 오늘처럼〉
공동자서전 〈백세시대를 향하여〉
• 동인시집 : 성주산 울림 제8호 13인 동인
• 활동 : (사) 한내문학 회원–감사
마을기업 글과나무협동조합 우드버닝 전문강사

세월

김 기 정

오랜만에
성주산에 오른다

오래된 길이
처음이 아닌데
왜 이리 힘이 드는지

다리도 허리도
어렵고도 힘들어
잠시 바위 위에 걸터앉으니

여기저기 스르르 떨어지는
나뭇잎들을 주워 보니
바로 이것이 세월이더라

봉황산

김 기 정

봉황산에 진달래꽃
옛 동산의 진달래꽃

살며시 대지를 깨우며
조용히 피어나는데

여보게 우리 친구들
우리 인연 산과 꽃처럼

자연스런 세상에서
백세시대를 함께 가세

대천항

김 기 정

대천항 부둣가 바람은
시원도 하지만
짜디짠 냄새가 나네

부둣가에 정박한
수많은 배들은
질서 있게 잘도 서 있네

물 위에 갈매기들은
그저 즐겁게도
소리치며 춤을 추네

출항하는 배들의
뱃고동 소리는
대천항을 알리네

하루

김 기 정

아침에 웃음으로 문을 열고
낮에는 열정으로 일을 하며
저녁엔 마음으로 글을 쓰는데

어제는 이미 지나간 날
오늘은 일할 수 있는 날
내일은 꿈과 희망이 있는 날

창문을 열면 풍경이 들어오고
마음을 열면 행복이 들어오고
꿈속을 열면 시상이 들어와
이렇게 하루가 지나네

가을 산

김 기 정

산들산들 가을바람에
단풍잎은 떨어지고

한잎 두잎 붉은 단풍은
색종이 되어 날아가고

나뭇가지 사이로
새들도 날아가고

사람 없는 오솔길
가랑잎만 날리고

깊어 가는 가을 산에
낙엽만 쌓이네

낙엽

김 기 정

하나의 낙엽
서리에 푸른 기운 뺏기고
빨갛게 물들다가
땅 위에 떨어지는데

누가 예쁘다고 말하리
누가 아름답다 말하리
누가 정열이라 말하리

낙엽은 할 수 없어
산들바람을 거부하다
대지 위에 떨어지며
소리 없이 앉아 본다

가을

김 기 정

푸른 하늘은 높아지고
따뜻한 햇살은
농부의 마음을 흐뭇하게

봄에 밭을 갈아 씨 뿌리고
여름에는 논 갈아 벼를 심어
가꾸어 만든 만추의 계절

산과 들에 오곡이 가득하니
농민들의 즐거운 웃음
땀방울의 결실인 가을이 아니던가

단풍

김 기 정

푸른 옷을 입은 숲 속 사이에
지금은 홀로 물들은 단풍나무

누군가 물감을 찍어 놓은 듯
붉은 옷 입고 외로이 서 있는 나무

왜 그리도 곱고 어여쁜지
모든 이들에게 자랑하고 싶지만

저 예쁜 단풍잎도 머지않아
우리네 인생처럼 낙엽 되겠지……

산이 좋아

김 기 정

직장에 있을 때도
여가 선용으로
그리워했던 등산

정년 퇴임을 앞두고
모 산악회에 동참
회원으로 다달이 산행

십여 년간 사고 없이
전국의 이백여 산들
계절을 구애하지 않고
산이 좋아 다녀 보았다

도토리묵

김 기 정

달착지근한 양파
들기름 냄새 솔솔
그렇게 고소한 맛

부드러우면서 질긴 미나리
당근과 향기 좋은 깻잎
탱글탱글한 묵을 씹는데

수많은 도토리를 갈아 만든
접시 위에 고단백 도토리묵
그 뒤에 따라붙는 막걸리 한 잔

노송

김 기 정

적갈색 거친 몸집에
바늘 모양의 푸른 잎
내 수력이 강한 소나무

긴긴 세월 버텨 오면서
축축 늘어진 가지마다
건장하고도 웅장한데

우리네 일생과는 달리
무병장수 당당한 모습
가슴속에 담아 보련다

CHO KI HYUN

김갑현

(시인)

선천적으로 타고난 특별한 시인

나는 이번엔 출품시킨 김갑현 시인의 〈반려자 (2)〉라는 시 일부를 소개한다.

검은머리 파뿌리 되도록/ 함께 살아온 그 사람/
박봉에도 군말 없이/ 가정을 이끌어 왔고//
자식 키워 모두 출가시키니/ 어느덧/
고희가 지나 팔순이 문턱/ 이제는 인생 마무리가 걱정이다.

김갑현 시인은 35년간 공직에 있을 무렵 여러 번 상을 받은 공무원 출신으로, 훌륭하게 인생을 살아온 시인인데, 금년에 시 등단 신인상을 수상하자마자 이내 제1시집 『새로운 길』이라는 처녀시집을 출간했다.

이번에도 『성주산 울림』에 새로운 창작시들을 출품시켰는데 발표한 시 중에서 〈세상을 살다 보니〉 일부를 살펴 본다.

그러나 한 가지/ 자신 있게 말할 수 있는 것은/
내 양심을 버린 일과/ 남을 속인 일은/ 결단코 없었다는 것//
그러니/ 이 세상 하직 시에/
부끄러움은 그다지/ 없을 것으로 생각한다.

위와 같이 김갑현의 시처럼 부끄러움 없이 세상을 살아왔다는 것은 정말 드문 일이다. 그러고 문학세계에 몸 담고 열심하였기에 지금 "제2시집"을 출간할 준비를 하고 있는 중이다.

김갑현 시인의 시를 살펴 보면, 잠재적 시심이 긍정적이라는 것을 금방 알 수 있고, 또한 자신의 삶에 시상을 구축하는 '선천적으로 타고난 특별한 시인' 임을 누구나 느낄 것이다.

〈문학평론가 최양희〉

- 보령 청라 출생
- 보령시청 공무원 35년 정년 퇴임
- 옥조근정훈장 수상
- 내무부장관 등 장관표창 4회
- 병무청장 표창
- 충남지사 표창 2회
- 보령군수, 시장 표창 5회
- 충남정신발양 절의부문 실천상 수상
- 재단법인 만세보령장학회 감사
- 사단법인 보령문화원 감사
- 민주평화통일 자문위원 역임
- (사) 한내문학 시등단 신인상 수상
- (사) 한내문학 회원
- 시집 : 〈새로운 길〉

빈 그릇

김 갑 현

말 못하는 나무들도
살아가면서
차곡차곡 나이테를 쌓아 가는데

나는
이 세상에 와서
무엇을 얼마만큼 쌓아 왔는가

춘하추동 사계절이
수십 번이나 오간 즈음
나무라면 지금쯤은
아름드리로 자랐을 터인데

뚜렷한 공적 없이 지내온 세월이여
헛되이 소비해 버린 젊은 날의 상념들
돌이켜 현실을 셈하고 보니
남은 건 어둠 속에 빛바랜
빈 그릇 뿐이네

반려자 (1)

김 갑 현

아들 키워 결혼시켜 내보내고
생전 같이 살자던 딸자식도
제짝 만나 훌쩍 가 버리니
남은 것은 빈 껍질뿐인 두 노인네

그다지 먹고 싶은 것도 없고
하루 밥 세끼
있으면 먹고
안 먹어도 그만인 것을

퇴근시간 무렵이면
혹시하고
책상 위에 놓인 전화기에
눈길이 머무는 것이

아무리 생각해 봐도
한심한 노인네가 틀림없는데
그래도 행복한 것은
함께하는 반려자가 곁에 있다는 것이다.

반려자 (2)

김 갑 현

검은머리 파뿌리 되도록
함께 살아온 그 사람
박봉에도 군말 없이
가정을 이끌어 왔고

자식 키워 모두 출가시키니
어느덧
고희가 지나 팔순이 문턱
이제는 인생 마무리가 걱정이다.

남은 소원은
내가 먼저 가든 아내가 먼저이든
딱 5일만 더 살다가
잠자듯이 떠나가는 것

삼일은 반려자 장례 모시고
하루는 내 주변 정리하고

마지막 하루 편한 마음 가지다가
그날 밤 미련 없이 그 사람 따라 가는 것
마지막 행복 아니겠는 가

양심

김 갑 현

세상사 알고도 속고
모르고도 속는다지만
속이는 자가 있으니
속는 자도 있다

속이는 것은
죄가 되지만
당하는 사람은
죄가 될 수 없는 것

그래도
속일래야
속일 수 없는 것이 있으니
그것은 사람의 양심이다

세상을 살다 보니

김 갑 현

70대 중반이 되도록
세상을 살다 보니
보람된 일 보다는
아쉬움이 더 많다.

하고픈 일 제대로 해 보지 못하고
그저 생각만 있었을 뿐
행동으로 옮기지 못한
옹졸함과 패기 부족

그러나 한 가지
자신 있게 말할 수 있는 것은
내 양심을 버린 일과
남을 속인 일은
결단코 없었다는 것

그러니
이 세상 하직 시에
부끄러움은 그다지
없을 것으로 생각한다.

라면 예찬

김 갑 현

남녀노소 할 것 없이
모두가
즐겨 먹는 음식

천 원짜리 한 장이면
계란까지 더할 수 있으니
한 끼 식사로도
충분하다

얼큰한 국물에
소주 한잔 곁들이면
세상이 전부
내 것이 되는데

산해진미가
뭘 그리 필요한가
라면 한 그릇에 소주 한잔
부러울 게 없구나

감자 골(이랑)

김 갑 현

감자 골 속에는
갖가지 알들이
숨겨져 있네

백란 청란 홍란은 물론
가끔은 타조알도 숨어 있고
작은 새알들도 많으니

감자를 심으면
알 걱정할 일은
없겠구나

선거 (1)

김 갑 현

너도 살고 나도 살아야
세상 사는 도리인 것인데
너 죽어야 내가 사니
야속한 제도이다

민주주의 꽃의 선거라지만
당선자와 낙선자는
하늘과 땅 차이인 것을
이긴 편은 감격에 겨워 만세를 부르고
패한 편은 고개 떨구고 눈물짓는구나

그럴 바에야 차라리
나서지나 말 것이지
선거라는 것 참으로 몰인정스럽고
비정한 법칙임이 틀림없다.

선거 (2)

김 갑 현

민주주의 국가에서
선거는 축제라는데
그것은 말로만 축제이지
사실은 전쟁이다

네 편과 내 편으로 갈라져
죽기 살기로 싸우고
심지어 평소 화목한 가정 내에서
남편 따로 아내 따로

부모자식 간에도
지지자가 서로 달라 다투기도 하고
선거가 끝난 뒤에도 그 후유증은
만만치 않은 상처가 되어 남아 있는데

차라리 제도를 바꿔
일정한 자격시험에 합격한 자에 한하여
추첨을 통하여 선출함이 어떨는지
개인적으로 생각도 해 봤다.

밤안개

김 갑 현

구름으로 승천하지 못함이
한이 되어 남아 있더냐
유랑신세 되어
밤거리를 헤매도는 밤안개

그런대로 아침 이슬이 되어
풀잎을 적셔 주면 될 일을
무슨 미련 더 남았다고
외로운 나그네 가슴 울리고

쓸쓸한 불청객 되어
소리 없이 가는 눈물 뿌리며
밤거리 집시처럼
허황한 거리를 방황하고 있는가

알밤을 주우며

김 갑 현

무엇이 그리도 겁나
무시무시한 가시 옷으로 무장하고
자기 집을 철옹성처럼
보호하더니만

솔솔 부는 가을바람 맞아
스스로 무장 해제하는 그대
단둥이 쌍둥이 삼둥이를
미련 없이 내려 보내니

낮에는 주인이 만족하고
밤에는 뭇짐승들
제 세상 만난 듯
신이 나 있구나

구자홍

(시인)

창작 기법이 뛰어난 시를 창출하는 시인

대천신협 구자홍 이사장 하면, 모르는 사람이 없을 정도로 유명한 인물로 소문났는데, 구자홍 시인은 사회에서 인정받은 진정한 활동가이며, 사업 번창과 사회 단체들과 가까운 친지들과의 인맥관계를 헌신적으로 폭넓게 대인관계를 맺고 사는데, 언제나 자신의 그 진솔한 마음 그 자체로, 정의롭게 살아가는 시인이다.

나는 구자홍 시인의 문학적인 끼를 보면서 '시인의 금목걸이' 를 걸고 나서, 이번에『성주산 울림』에도 명시들을 발표했는데, 그 중에서 등단한 시 〈물망초〉 일부를 소개하고 싶다.

> 넌 이별 넌 그리움 그리고 넌 물망초/ 눈물로 보낸 세월이 잊혀질까// 시름 시름 또 시름/ 여명에 스러지는 별과 달 그리고 이슬// 수많은 이름이 많건만/ 하필이면 물망초/ 그 이름이 이슬 곁을 스치운다.

구자홍 시인은 총각 시절에 창작한 시가 수없이 많은데. 이제야 문학세계에 입문하여 활동하기 시작했다. 이번『성주산 울림』에도 동참했는데 그의 시들을 음미해 보면, 개성적인 시적 구조와 표현을 유연하게 풀어 내는 시인이다. 다음은 〈종이에 침 뱉기〉 일부를 소개한다.

> 종이에 침을 뱉고/ 애써 외면한 고개를 들어/
> 얼룩무늬 슬픈 얼굴을/ 옆의 사람인 양 걱정도 없다.

구자홍 시의 특수성과 긍정적인 시상은, 구자홍 시인만이 타고난 '창작 기법이 뛰어난 시를 창출하는 시인' 이라는 것을 소문내고 싶다.

〈문학평론가 최양희〉

- 옥계초, 청라중, 대천고, 단국대 졸업
- ㈜ 하나정보통신 30년 경영
- 이웃돕기 "열림터" 회장(10년)
- 보령시테니스협회 8대 회장
- 충남테니스연합회 9대 회장
- 대천JC특우회원(현)
- 능성구씨 충남종회 총무이사(현)
- 대천고등학교 운영위원장(현)
- 대천신용협동조합 이사장(현)

물망초

구 자 홍

풀잎에 내려앉은 이슬
이슬이 의미를 갖는데

별이 풀잎 곁을 스칠 때
별 한마디의 의미를 부여시킨다.

넌 청춘 넌 사랑 넌 넌 물망초
그리고 수도 없는 이름을 불러본다

넌 이별 넌 그리움 그리고 넌 물망초
눈물로 보낸 세월이 잊혀질까

시름 시름 또 시름
여명에 스러지는 별과 달 그리고 이슬

수많은 이름이 많건만
하필이면 물망초
그 이름이 이슬 곁을 스치운다.

산다는 거

구 자 홍

아내의 질긴 바가지
새끼의 울음소리를 뒤로
시커먼 마후라에 눈을 숨기고
뚫어진 양말을 신는다

숭헌 옷 사이로 한 점 바람
매서운 기운에
담을 넘고 싶은 사내의 운명
충동의 시간은 길고 길었다.

왜 사는지의 의미가
언어들 속으로 몸을 숨기면
비로소 나는
낯설고도 애틋한 시간이
너무 감사할 뿐이다.

가을은 어디로

구 자 홍

스산한 등굣길
앙상한 나무 사이로
가을이 걸어가네

못다 벤 오곡
채 못 든 단풍
노오란 은행잎
밟는 이의 소리가
겨울로 이끈다

거리의 낙엽 지는 소리
제철을 찾아왔건만
지명 수배인처럼
그렇게 겨울로 간다네

어머니의 다듬질

구 자 홍

문명의 소리에
호롱불과 사라진
대대로 손때 묻었을
우리 집 다듬돌

용마루 틀어 올린
초승달 같은 초가삼간
호롱불 켜 놓고
달리던 어머니의 방망이

할머니의 할머니 때부터
얼레받이 다듬돌
우리 집 박물관 귀퉁이
문화유산처럼 남거든
며늘아이의 며느리처럼
광목 한 짐이 되리라

이판사판

구 자 홍

자연은 순리대로 도는가
그런데 이판사판

어떤 때는 거꾸로 도는 수도 있고
어떤 때는 미쳐 도는 수도 있으며
그게 순리일 수도 있고 섭리일 수도 있다.

많은 이는 더해서 가고
어떤 이는 빼면서 가기도 하고
어떤 이는 곱해서도 간다

모든 것이 하나의 의미로 가기까지
어떤 이는 나누어서 가기도 한다.

이판사판의 지혜로움의 발견이랄까
잘 짜여진 모눈종이의 법칙이랄까

생과 사라는 단순한 공식을 가지고
어떤 땐 아예 빼고
어떤 땐 아예 지워버리고
이리저리 머리를 굴려 골머리를 투자
이왕이면 철모르는 아이처럼 빈 수레로 가리라

(1984. 5. 26)

눈 내린 날 나의 소망

구 자 홍

눈이 왔음에
아름다운 눈이리라

밤 사이에 가장 아름다워진 눈
나의 눈에 눈은 그렇게 아름다웠다

어느 눈보다도 희고
어느 눈보다도 아름다운 눈
사람 흔적 없는 모습이 더 아름답다.

밤 사이 소복이 쌓인 눈
눈 속에 싹 틔운 눈 같은 사랑
눈에 보이지 않는 사랑이 되어
아름다운 사랑 이야기를 만든다.

눈 내린 날
원망과 한(恨)의 길을 보내고

촛불처럼 타 오르는 열정이
내 집 앞 호수보다 더 큰 마음이리라

(1982. 12. 12)

소녀의 눈 사랑

구 자 홍

소녀의 사랑이 궁금해
눈썹을 태우며 기다려 본다.

촛불 태우며 기다린 소녀의 소망
보드라운 털끝에 스치는 바람에
기다리던 눈 사랑이 시작되었다.

새벽녘을 태우던 촛불이
밤새 내린 눈 속에
추억 가득한 신비함을 이루었나

눈 속에 타고 있을 촛불에
지금도 속삭임 가득하리라

(1982. 12. 12)

그리움

구 자 홍

가장 아름다운 이 밤
둥그런 달빛은 하얗게 내린
눈 위에서 구르고
멀리서 밀려오는 발자국
보고픈 마음에 소리쳐 뛰어본다

꼭 껴안고
입맞춤하고픔 보다 더한
모둠발을 딛고 줄에 걸린
달을 잡고 내 님을 내 방으로 모시면

헛것이 아님을
내 님과 함께 하리니
그리움은 더해만 가나 보다

(1982. 12. 17)

그림의 숲

구 자 홍

산마루에서 나를 구울려 보면
홀로 서야 한다는 시간
희푸른 나무가 일그러진 숲 속
숨도 쉬기 어려운 눈으로 팔매질을 한다.

소리 없이 흩어진 이름들을 주워 올리며
마냥 부풀어진 청춘이란 이름으로
간밤 눈물로 지나간 행인의 이름을 불러보며
그리움을 뒤로한 채 저녁 햇살을 거느려 본다.

한 그루의 고목으로 남아야 하는 숲 속에서
하얀 그림자로 또 하루를 보내야 하는
또 다른 어둠의 거듭나기

무에서 희소가치를 지불한 채
거리로 사라진 한 사내의 운명
이미 전설이 되어 버린 숲 속을 거닐다.

(1984. 2. 25)

종이에 침 뱉기

구 자 홍

종이에 침을 뱉어 본다
타액이 종이에 흐르자
고가(古家)의 갑자골[甲骨文]이
상형문자를 이룬다.

금세 또 한 번의 그 짓에
읽어볼 수 있었던 한자 한자
한자의 의미를 날려 버렸다.

이별이사 아프긴 해도
하등(下等)의 이유를 들이대지도 않고
순백의 검은 글이 흐트러짐에 가슴만 쓰린데
타액의 빛깔이 어두워서일까?

종이에 침을 뱉고
애써 외면한 고개를 들어
얼룩무늬 슬픈 얼굴을
옆의 사람인 양 걱정도 없다.

(1984. 5. 25)

그해 여름

구 자 홍

그해 6월 2일 영장이
내 어머니의 눈시울을 뒤로했다
보지 않아도 눈물 한 섬이리라
여덟 남매 막내 귀여움였을까

어머니의 눈시울을 뒤로한 훈련병
뉜지도 모를 동료와
어디서 온 지 모를 동료와
몇 날을 살아온 지 모를 동료와
나는 전우애를 틔웠다

하루는 그런 날이 있었다
말로만 듣던 유격훈련
피티체조로 달궈진 목마름
목이 타서 미친다

행운일까
화장실 뒤 웅덩이

흙탕물이 가라앉아
맑은 물이 떠 있다

누가 먼저랄 것도 없는 훈련병
우루루 오아시스 꿀물
이렇게 맛난 물이 있었던가?
요즘 군대는 민원이라던데
그때 그 꿀물은 잊혀지지 않는다

목마름을 재워 준
화장실 뒤 웅덩이 고인 물
세월이 변해도 잘 있으시기를……

반백의 세월이 흘러
한 평 잔디 위에 누워 계신 우리 어머니
지금도 군대 간 막내 걱정이시겠지?
나 잘 있는데……

(1983)

하랑 강영민

(시인)

시를 쓰는 재능 자체가 시상이 풍부한 여류시인

보령시민들 모두 강영민 시인 하면 모르는 사람이 없을 정도로 유명한 시인이다. 그렇게 유명하게 된 것은, 강영민 시인은 '운동장 칼국수' 식당을 운영하고 있는데, 여기에 찾아오는 손님들이 항시 북적북적하고 식당 밖에서 기다리는 손님들도 허다했다.

강영민 시인은 가난한 이웃을 도와주는 등, 다방면으로 정을 베푸는 시인이다. 여기에 〈친구야〉라는 시 일부를 소개한다.

아름다운 것을 보는 것보다/ 더욱 그리운 너/ 오늘도 너를 부른다//
너의 목소리는/ 마음 한쪽이 찢어지는 듯이/ 아픈 순간에도/
치료약이 되어 달래 주고/ 내 이름을 불러 주어/ 힘이 나게 하는 너

"운동장 칼국수 집 주인도 시인이던데요." 하면서 나한테 칭찬하는 사람들이 많았다. 이번 『성주산 울림』에 수록한 〈성주산의 꿈〉이란 시의 일부분이다.

성주산에 올라가면/ 하늘이 닿을 것 같았던/ 어린 시절//
수없이 많은 날들/ 꽃피고 푸른 잎 되어/ 낙엽 질 때마다/
내 꿈도 변해 가고

강영민 시인은 항시 웃는 인상이며, 자신보다도 남들부터 챙기는 성격인데, 그의 시를 보면 정겨운 영혼으로 공감되는 시를 쓰는, 탁월한 시적 재능을 품고 사는 여류시인으로서, 그 어느 시인보다도 '시를 쓰는 재능 자체가 시상이 풍부한 여류시인' 이라고 외쳐 보는 바이다.

〈문학평론가 최양희〉

- "운동장 칼국수" 운영
- 한내문학 시 등단 신인상 수상
- 한내문학 성주산 울림 제7호 동인
- 대한민국서예문인화 작가상
- 대한민국서예문인화 은상
- 대한민국서예문인화 삼채상
- 대한민국전통미술대전 특선
- 대한민국버닝협회 목공예 우수상
- 사단법인 한내문학상 본상 수상
- 사단법인 한내문학 부회장
- 충청남도 사랑의 열매 나눔 리너

기도 (1)

강 영 민

나보다 나를 더
사랑하시는 주님 감사합니다

돌아보면
한 번도 나를 떠나신 적 없으시고

험한 길 갈 때도 곁에 계셨고
아파 울고 있을 때도 같이 아파하시고

나의 작은 신음에도
큰 소리로 대답하시고

언제나 너와 함께 있다고
아무 염려 말라 하시는 주님 감사합니다

기도 (2)

강 영 민

감사합니다
견딜 수 있게 해 주셔서

내가 원하는 것이
아니라 해도 감사하게 하시고

지나 보면 내가 생각했던 것보다
더 큰것을 준비해 놓으시고

나를 환히 웃게 하시는
당신께 감사합니다

그런 분이 내 편이고
내가 아버지라 부를 수 있게 허락하심에 감사합니다

내 목숨 다한다 해도
나는 그런 당신을 신뢰하고 사랑합니다

기도 (3)

강 영 민

세상 서러워 울고 있으면
내 이름을 부르신다

영민아 울지 마라
내가 네 곁에 있잖니

아무 염려하지 말고
잠시 쉬어 가는 세상 때문에

아파도 슬퍼도 하지 말고
나만 믿고 즐겁고 행복하게 살라 하신다

오늘도 나는 기도합니다
당신이 계셔서 감사하고 행복하다고

감사합니다 사랑합니다

엄마

강 영 민

나의 고향
언제나 돌아갈 곳이 있어
행복했던 고향

힘들어도 든든했고
기댈 곳이 있어
모든 것들을 가슴 깊이 묻어 둘 수 있었는데

내가 울 때
같이 울어 주지도 않았고
내가 아파할 때도 같이 아파하지도 않았지만

생각만 해도
그냥 힘이 났던 내 고향
영원히 내 곁에 있을 줄 알았던 고향

가슴 저리게 안아 보고 싶다
목이 메이게 불러 보고 싶다.

말을 할걸

강 영 민

말을 할걸
사랑한다고 말을 할걸

너희가 있어 내가 사는 이유라고
따뜻하게 한번 안아 주지 못 했던
그때를 생각해 본다

마주보며 말할걸 아무 염려 말라고
언제나 나는 너희들 편이라고
말을 못했던 그때를 늘 후회한다

내 삶은 언제나 너희들 뿐이었는데
너희들이 없으면
나도 없는 것이었는데 표현할걸

어린 너희들이
얼마나 무섭고 힘들었을까
그런 세월이 지나

지금은 너무도 예쁘게
큰딸은 세 아이 엄마
작은딸은 두 아이 엄마가 되어

잘 사는 모습을 보니 너무도 고맙고 감사하다
늦었지만 꼬옥 안고 말하고 싶다
사랑한다고 너희가 있어 행복하다고……

감사

강 영 민

매일이 감사하다
내 아이들 키울 때는
귀하고 소중하기만 했지

이렇게 예쁠 줄
뒤뚱뒤뚱
걸어가는 오리 궁뎅이

제나름 속상하다고
닭똥 같은 눈물이 뚝뚝 떨어질 때도
반은 잘라먹은 말을 할 때도 예쁘다

예쁘다는 말로는 부족한 듯 싶다
다섯 놈 제각기 다르지만 내 마음은 똑같이 예쁘다
나에게 이리도 귀한 선물 주심에 감사 또 감사드립니다

세월의 님

강 영 민

나는 너를
한 번도 보낸 적이 없는데

오늘도 너는 내 곁을 떠나가는구나
잘 지내라고 조심히 가라고
인사 한번 해 본 적 없는데

너는 나에게
많은 것들을 남기고 갔구나

거칠어진 손등
주름진 내 얼굴
그리움과 사랑을 내게 두고

또 그렇게 가는구나 너는~

손님

강 영 민

새벽부터 하루를 시작한다

배추 절이고
바지락 닦고
밀가루 반죽하고
야채를 썰어 놓고

모든 준비 마치면
나는
주방 작은 창으로
밖을 내다본다

마당 끝 작은 길로
여지없이 들어오는 손님 자동차
반가워 손님 오신다 외치며
미소 짓는 나…

황토의 꿈

강 영 민

황토쟁이 하는 말
황토에 꿈이 있단다

내 보기엔 그냥 흙인 것을
돌아서 생각하니
나는 무슨 꿈을 꾸었었나

이제는
꿈보다 책임 있는 삶을
살아야 될 것 같다

친구야

강 영 민

아름다운 것을 보는 것보다
더욱 그리운 너
오늘도 너를 부른다

너의 목소리는
마음 한쪽이 찢어지는 듯이
아픈 순간에도
치료약이 되어 달래 주고
내 이름을 불러 주어
힘이 나게 하는 너

좀 더 늙어
알아주는 이 없이
시들어 간다 할지라도
우리 그냥 예쁜 것 가슴에 안고
가슴 찡하게 웃어보자구나 친구야

성주산의 꿈

강 영 민

성주산에 올라가면
하늘이 닿을 것 같았던
어린 시절

수없이 많은 날들
꽃피고 푸른 잎 되어
낙엽 질 때마다
내 꿈도 변해 가고

시냇가에 돌들마저도
커다란 바위였던 그때
모든 것을 다 알아 버린
지금의 나
그때가 그립다

최 양 희

(시인)

시인의 시성은 각자가 독창성

–동인시집 13인 시인들 시를 보면서

최 양 희

이번에 출품한 시인들은 그 전보다도
누구나 공감되는 시들을 출품 시켰는데

함께한 동인 시인들의 시들을 살펴보면서
당신들은 참으로 진정한 시인들이었으며

당신들은 모두가 자기 재능대로 타고난
감각과 창의성과 기법과 주관이 다 각각

시인들마다 서술과 창작이 모두 다르지만
이번에 출품한 시인들은 정말 출중하기에

나도 이번엔 당신들처럼 좋은 시를 써야지!
하고, 신경 썼지만, 그게 정말 쉬운 일인가?

- 시, 소설, 평론 등단, 신인상 수상
- 제1시집 <최양희의 사모곡>
- 제2시집 <당신의 세계>
- 13인의 동인시집 <성주산 울림> 제1호~제8호 동인
- 단편소설 : '지관과 명당' 외 5편
- 사단법인 한내문학 이사장. 발행인

초가집에

최 양 희

아무도 이해할 수 없는
어두운 공간에 머물면서

나만의 집요한 집착으로
엉뚱한 황야를 넘다들다

이젠 그 이상 고행을 접고
앞으로는 초가집에 살리라

산이 좋아라

최 양 희

눈앞에 금방 펼쳐지는
높은 산들과 얕은 산들

봄이면 꽃피다 떨어지고
단풍 들다가 눈꽃이 피는

그런 산 옆에 살고 있는데
나는 날마다 산이 좋아라

대접받은 나무

최 양 희

청청함을 자랑하던 몸이
어쩌다가 생명 잃었지만

오랜 꿈을 간직했기에
뜻있는 주인을 만나면서

다시 살아난 나무판으로
좋은 작가에게 대우받지요

= 글과나무 협동조합 우드버닝 작품 전시를 보며 =

오직 당신

최 양 희

여기저기 주변을 둘러보나
눈앞에 보이는 건 오직 하나

숱한 세월이 함께한 우리는
오로지 외다리만 걸어오면서

만나면 헤어지는데 익숙해도
나를 묶어 놓은 건 오직 당신

고행

최 양 희

내 자신만의 그 고집으로
높은 산들도 넘어 갔었지

이제는 더욱 결심하면서
깊은 물속도 빠져 보았지

이상의 천지를 넘나들다가
결국은 저승길도 다녀왔지

당신바다

최 양 희

바다가 한없이 넓다 하지만
그 이상의 바다가 또 있었고

그 바다는 정말 신묘하기에
나의 영육도 끌어 들였기에

그 바닷물이 출렁일 때마다
당신 위력은 역시 대단했으며

그런데 여기에 더 확실한 건
그게 바로 당신바다였기 때문입니다

우리 어머니

최 양 희

일생 동안 온몸 다 바쳐서
기도에만 몸 바치신 어머니

아프던 불자들이 찾아오면
거뜬히 낫게 하셨던 어머니

지금도 천국에서 쉬지 않고
자손 위해 기도하실 어머니

지금도 내 가슴에 살아 있는
그립고 보고 싶은 우리 어머니

=우리 어머님(한재분)께서는
충남 청양군 매곡리에 "옥련암"을 창건하시며
부처님 앞에 23년 동안 기도에만 전념하셨음 =

우리 손자

최 양 희

태어날 때도 한없이 예쁘더니
커 가는 모습 너무 자랑스러워

이제는 늠름해진 초등생 되어
친구들과 정겹게 잘 어울리며

하루가 달리 공부도 잘하는데
나중엔 큰 인물이 될 우리 손자

*우리 손자 이름 : 최원우

예술가들

최 양 희

봄엔 꽃 피고 가을엔 열매 맺듯
타고난 솜씨와 재능과 실천으로

당신들은 남들보다 월등하게
모두들 결실 맺은 예술가로서

그림과 문학과 우드버닝으로
자신을 태우는 참신한 예술가들

꽃구름

최 양 희

하늘 자락에 자리를 깔고
여러 형상으로 나타나면서

어둔 색깔과 밝은 모습으로
없다가도 나타난 내 님처럼

볼 때마다 항시 다르지만
자유자재로 둥둥 떠 있지만

어느 땐 먹구름이 변하면서
님 모습같이 피우는 꽃구름

소년 시절처럼

최 양 희

눈을 뜨자마자 생각에 잠긴
머릿속에 떠오르는 내 모습

날마다 자신을 되새겨 보면
지금의 내 자신이 너무 미워

오늘도 다짐하고 후회하며
이젠 그런 모습 불태워야지

꿈꾸던 옛날 소년 시절처럼
열정 어린 시간을 찾고 싶어라

동인시집 『성주산 울림』 연보

2008년 7월 1일 = 성주산 울림 창간호 출간
이원길 류근평 고도영 김웅현 배윤희 이덕영
이임구 이준형 최도진 홍성수 최양희

2009년 8월 25일 = 성주산 울림 제2호 출간
이원길 임남순 홍성억 박성열 최용락 이덕영
김유제 김문경 배윤희 최도진 홍성수 최양희

2010년 8월 20일 = 성주산 울림 제3호 출간
이덕영 홍성수 최도진 배윤희 홍성억 박혜숙
최옥순 신승환 신현숙 이기하 김문경 최양희

2011년 9월 10일 = 성주산 울림 제4호 출간
홍성수 이정석 최옥순 최도진 배윤희 홍성억 김문경
박혜숙 이동천 신현숙 서경옥 한경희 최양희

2012년 10월 12일 = 성주산 울림 제5호 출간
김영종 김춘희 이연순 오치인 서경옥 손남수 한경희
신승환 최옥순 신현숙 이정석 배윤희 홍성수 최양희

2014년 3월 29일 = 성주산 울림 제6호 출간
홍성수 한경희 임창택 김춘희 박서진 배윤희 신승환
최옥순 서경옥 남병근 이연순 오치인 신현숙 최양희

2017년 9월 23일 = 성주산 울림 제7호 출간
홍성수 배윤희 남병근 최대윤 이연순 서경옥 오치인
최주경 강영민 이철규 장기덕 조외남 양철원 최양희

2019년 12월 20일 = 성주산 울림 제8호 출간
홍성수 강영민 김기정 김웅현 김일태 민병금 손동훈
신현숙 안기열 양철원 오치인 이연순 최양희

2021년 12월 9일 = 성주산 울림 제9호 출간
홍성수 이연순 이미숙 오치인 양철원 신현숙 명리라
김일태 김기정 김갑현 구자홍 강영민 최양희

동인시집 『성주산 울림』 제9호 참여한 시인

홍성수 010-5438-3083
충남 보령시 명천동명천주공ⓐ 4차 313동 405호

이연순 010-8937-5716
충남 보령시 오천면 오포 2리 626-1번지

이미숙 010-5530-3108
충남 보령시 주공로 65

오치인 010-5454-8738
충남 보령시 명천동 정은스카이ⓐ 102동 110호

양철원 010-6425-1121
충남 보령시 죽정동 542-4 〈스피드화원 대표〉r

신현숙 010-6423-3502
충남 보령시 큰오랏2길 9 (동대동) 〈동행찻집〉

명리라 010-2012-4970
충남 보령시 주포면 충서로 3557-23

김일태 010-2340-5680
충남 보령시 성주면 심원 계곡로 403-54

김기정 010-4122-3837
충남 보령시 천변남길 234-13 유성빌라 라동 206호

김갑현 010-5427-3665
충남 보령시 주공로 26

구자홍 010-6747-5448
충남 보령시 한내로 11 〈대천신협 이사장〉

강영민 010-5429-8304
충남 보령시 남포면 〈운동장 칼국수〉

최양희 010-3341-2268
충남 보령시 지장골길164 107동 207호(죽정동 유성@)

= 편집후기 =

성주산의 시성들

아마도 한국 문단 세계에서 우리 시인들처럼
동인들끼리 똘똘 뭉쳐진 곳은 우리 한내문학

제1호부터 제9호가 지금까지 탄생하는데
『성주산 울림』의 그 주역은 홍성수 작가회장

시인들마다 시를 쓰는 개성과 창작은 달라도
모두가 문학적 재능을 성의껏 발휘하였기에

진정한 시인으로 구성한 동인들의 영혼들은
우주 공간을 넘나드는 훌륭한 성주산의 시성들……

2021년 12월 9일

—성주산 울림 13인의 동인시집 서문을 쓰고 나서

13인의 동인시집

성주산 울림 제9호

●

인쇄 2021년 12월 3일

발행 2021년 12월 9일

지은이 | 13인의 동인

발행인 | 홍 성 수

편 집 | 최 양 희

발 행 | 도서출판 **한내문학**

주 소 | 충남 보령시 대고로 21

우편번호 | 33441

전화번호 | 010-5438-3083 · 041) 936-0037

E-mail:cyh2268@hanmail.net

제작처 | **을지출판공사**

전화번호 | 02) 334-4050

값 15,000원

* 잘못된 책은 바꿔 드립니다.

ISBN 978-89-7566-204-1 03810